AUTONOMISER LES FEMMES VOYAGEANT SEULES EN EUROPE - LE GUIDE ULTIME

**First edition. December 23, 2024.**

ISBN: 979-8230608868

Written by Derek McNeill.

# Renforcer l'autonomie des femmes voyageant seules en Europe :

# Le guide ultime...

# Chapitre 1 : Choisir des destinations en pensant aux femmes voyageant seules

Voyager seule en tant que femme est une expérience enrichissante et qui change la vie, et l'Europe offre certaines des destinations les plus captivantes au monde. Mais avec autant d'options, où devriez-vous aller ? Ce chapitre vous aidera à choisir des endroits à la fois adaptés aux personnes seules et inoubliables, en mettant l'accent sur la sécurité, la facilité de navigation, l'accueil des cultures et les expériences uniques qui s'adressent aux aventuriers solitaires.

## 1.1 Des villes sûres et adaptées aux femmes

LA SÉCURITÉ EST SOUVENT une préoccupation majeure pour les voyageurs solitaires et, heureusement, l'Europe abrite de nombreuses villes connues pour leur sécurité et leur convivialité envers les femmes voyageant seules. Ces destinations offrent des transports publics efficaces, des zones piétonnes et un risque global faible de criminalité violente. Explorons quelques-uns des meilleurs choix qui s'adressent aux femmes voyageant seules, offrant confort, accessibilité et une atmosphère chaleureuse.

**Amsterdam, Pays-Bas**

AMSTERDAM EST UNE DESTINATION incroyablement adaptée aux personnes seules, réputée pour sa sécurité et son ouverture d'esprit. Les célèbres canaux, musées et galeries d'art de la ville sont faciles à explorer à pied ou à vélo. L'anglais est largement parlé et les habitants sont généralement très amicaux et serviables, ce qui permet d'obtenir facilement des indications ou des conseils. Ville connue pour sa culture libérale et ouverte d'esprit, Amsterdam offre également un environnement confortable aux femmes seules, avec d'innombrables cafés et endroits chaleureux où les dîners en solo ne se sentiront pas dépaysés.

**Les incontournables**:

- **Musée Van Gogh**: Découvrez une impressionnante collection d'art dans l'un des musées les mieux organisés au monde.
- **Tour en bateau sur les canaux**: Découvrez la ville sous un angle unique et profitez d'une promenade tranquille en bateau sur les célèbres canaux.
- **Quartier Jordaan**: Rempli de charmantes boutiques et de cafés pittoresques, Jordaan offre un aperçu de la vie locale animée d'Amsterdam.

## Vienne, Autriche

POUR CEUX QUI APPRÉCIENT l'histoire, la musique et l'architecture époustouflante, Vienne est une visite incontournable. Cette capitale autrichienne est connue pour ses rues sûres et propres et ses habitants polis et serviables. Le système de transports en commun de Vienne est efficace et abordable, ce qui vous permet de vous déplacer facilement dans la ville. Les voyageurs solitaires peuvent se détendre dans les célèbres cafés de la ville, explorer les palais impériaux et assister à des concerts classiques.

**Les incontournables**:

- **Château de Schönbrunn**: Promenez-vous dans l'ancienne

résidence impériale d'été, entourée de magnifiques jardins.
- **Cafés historiques**: Commandez un café au Café Central ou au Café Sperl et profitez d'un après-midi à observer les gens ou à lire.
- **Cathédrale Saint-Étienne**: Admirez l'architecture gothique de Vienne dans cette cathédrale emblématique, un monument au cœur de la ville.

**Copenhague, Danemark**

CONNUE POUR SES VALEURS progressistes et son souci de l'environnement, Copenhague est un autre excellent choix pour les femmes voyageant seules. La ville est exceptionnellement sûre et dispose d'un système de partage de vélos efficace, ce qui permet de l'explorer facilement comme une locale. La culture décontractée mais dynamique de Copenhague, combinée à l'accent mis sur le hygge (un style de vie confortable et chaleureux), en fait une destination idéale pour les voyageurs en quête de détente et d'excitation.

**Les incontournables**:

- **Le port de Nyhavn**: Promenez-vous dans le port coloré bordé de navires historiques et de charmants cafés.
- **Jardins de Tivoli**: Vivez une expérience magique dans ce parc d'attractions vintage, particulièrement beau le soir.
- **Château de Rosenborg**: Explorez les magnifiques jardins et l’impressionnante collection d’objets royaux.

## 1.2 Des trésors cachés pour les aventuriers solitaires

SI DES VILLES POPULAIRES comme Paris et Rome sont indéniablement merveilleuses, certaines destinations européennes moins connues offrent des expériences tout aussi riches avec moins de monde. Ces joyaux cachés sont particulièrement intéressants pour les voyageurs solitaires à la recherche d'aventures hors des sentiers battus.

**Ljubljana, Slovénie**

LJUBLJANA, LA CHARMANTE capitale de la Slovénie, est une ville incroyablement agréable à parcourir à pied et sûre. Avec son architecture de conte de fées, ses rives animées et son atmosphère chaleureuse, Ljubljana ressemble à une petite ville avec les avantages d'une capitale. Les habitants sont connus pour leur hospitalité et l'anglais y est couramment parlé, ce qui facilite les déplacements et les échanges.

**Les incontournables**:

- **Château de Ljubljana**:Faites une randonnée ou prenez un funiculaire jusqu'à ce château médiéval pour une vue panoramique sur la ville.
- **Tromostovje (Triple Pont)**:Cette merveille architecturale, conçue par Jože Plečnik, est l'une des principales attractions de la ville.
- **Marché Central**:Dégustez des plats locaux, notamment des produits frais et des spécialités slovènes traditionnelles.

**Porto, Portugal**

PORTO, DEUXIÈME PLUS grande ville du Portugal, est un délicieux mélange de culture, d'art et de paysages époustouflants. Connue pour ses habitants chaleureux et ses quartiers sûrs, Porto est accueillante pour les femmes voyageant seules. Le système de transport public de la ville est simple et le centre-ville est compact, ce qui permet une exploration tranquille à pied.

**Les incontournables**:

- **Quartier de Ribeira**:Promenez-vous le long du pittoresque fleuve Douro et explorez ce site classé au patrimoine mondial de l'UNESCO.
- **Librairie Lello**:Souvent considérée comme l'une des plus belles librairies du monde, c'est une visite incontournable pour les amateurs de livres.
- **Caves à vin**:Faites une visite des caves à vin de Porto et découvrez la célèbre exportation de la ville.

## 1.3 Les cultures locales et ce à quoi s'attendre

CHAQUE PAYS EUROPÉEN offre une expérience culturelle unique, de la langue à la gastronomie en passant par les coutumes locales et les normes sociales. Comprendre ces nuances peut rendre vos voyages plus agréables et plus enrichissants.

**Langue et communication**

MÊME SI DE NOMBREUX Européens parlent anglais, il est toujours apprécié d'apprendre quelques phrases clés dans la langue locale. Dans des villes comme Copenhague, Amsterdam et Vienne, l'anglais est largement compris. Dans les villes plus petites ou les régions moins touristiques, quelques expressions locales, telles que « please », « thank you » et « hello », contribueront grandement à montrer du respect pour la culture.

Voici un guide rapide des phrases essentielles :

- **Bonjour/Au revoir**: Bonjour/Adieu (français), Hola/Adiós (espagnol), Hallo/Tschüss (allemand)
- **Merci**: Merci (français), Gracias (espagnol), Danke (allemand)
- **Parles-tu anglais?**: Parlez-vous anglais? (français), ¿Hablas inglés? (Espagnol), Sprechen Sie Englisch? (Allemand)

**Normes culturelles et étiquette**

CHAQUE PAYS A SA PROPRE approche de l'espace personnel, du contact visuel et même des bonnes manières à table. Par exemple :

- **En Europe du Sud (Espagne, Italie)**, les gens sont chaleureux et peuvent se saluer avec un baiser sur chaque joue, surtout entre amis.

- **En Europe du Nord (Allemagne, Scandinavie)**, l'espace personnel est plus respecté et les poignées de main sont courantes.
- **Étiquette à table**:En France et en Italie, les gens ont tendance à s'habiller un peu plus pour le dîner, et les repas sont une expérience plus lente et plus sociale. En revanche, les villes allemandes comme Berlin ont une approche plus décontractée.

Comprendre ces nuances vous aidera à vous sentir plus à l'aise et à respecter les traditions locales. De nombreux voyageurs solitaires trouvent que ces interactions culturelles font partie de leurs souvenirs les plus précieux.

## 1.4 Élaboration d'un itinéraire de voyage personnalisé

CRÉER UN ITINÉRAIRE de voyage flexible mais structuré vous permettra de tirer le meilleur parti de votre voyage en solo. Voici une approche simple pour planifier un itinéraire qui comprend suffisamment d'aventures sans vous surcharger.

**Étape 1 : Définissez vos objectifs de voyage**

VOUS RECHERCHEZ LA détente, l'aventure ou l'immersion culturelle ? Vos objectifs détermineront vos choix. Par exemple :

- **Relaxation**:Optez pour des destinations axées sur le bien-être comme les thermes de Budapest ou les plages de l'Algarve au Portugal.

- **Aventure**:Envisagez de faire de la randonnée dans les Alpes suisses, du vélo dans la campagne néerlandaise ou du parapente à Interlaken, en Suisse.
- **Immersion culturelle**:Dirigez-vous vers Rome pour une plongée dans l'histoire ou vers Lisbonne pour découvrir la scène musicale animée du Fado.

**Étape 2 : Choisissez votre rythme**

VOYAGER SEUL VOUS PERMET de définir votre rythme sans avoir à vous adapter aux horaires des autres. N'ayez pas peur de combiner des journées chargées avec des journées plus calmes :

- **Journées chargées**:Planifiez ces activités dans des villes où il y a beaucoup à explorer, comme visiter des monuments, des musées et des marchés.
- **Jours de repos**:Prenez le temps de vous détendre dans un café ou d'explorer un parc. Ces journées plus calmes vous permettent de vous ressourcer et de réfléchir.

**Étape 3 : Mélangez les sites touristiques avec les expériences locales**

LES ATTRACTIONS TOURISTIQUES constituent une part importante du voyage, mais les expériences locales ajoutent de la profondeur. Recherchez les marchés de quartier, les cafés indépendants et les festivals locaux. Par exemple, à Barcelone, visiter le marché de la Boqueria offre un aperçu de la vie locale au-delà des sites habituels comme la Sagrada Familia.

Avec un bon mélange de planification et de flexibilité, chacune de ces destinations vous offrira une expérience sûre, passionnante et inoubliable. L'Europe a quelque chose de spécial pour chaque voyageur solitaire, des rues animées d'Amsterdam au charme tranquille de

Ljubljana, alors profitez de chaque instant et savourez la liberté d'explorer le monde à votre guise.

Ce contenu étendu devrait remplir confortablement six pages, offrant aux lecteurs des conseils pratiques, des informations sur la culture locale et des idées pour leur itinéraire de voyage en solo. Faites-moi savoir si vous souhaitez le même niveau de détail pour les chapitres suivants ou des ajustements spécifiques !

Voici le chapitre 2, étendu à environ six pages de contenu, axé sur des conseils pratiques de planification pour les voyages en solo pour femmes en Europe. Ce chapitre guidera les lecteurs à travers les préparatifs essentiels, y compris l'emballage, le transport et l'hébergement, en offrant des conseils clairs et pratiques.

# Chapitre 2 : Conseils essentiels de planification pour les voyages en solo pour femmes

Voyager seule nécessite une planification réfléchie pour que le voyage soit agréable, sûr et sans stress. De l'emballage stratégique à la recherche d'un hébergement confortable et à la gestion des transports, ce chapitre couvre tous les éléments essentiels que toute voyageuse seule devrait connaître avant de se lancer dans une aventure en Europe.

## 2.1 Les essentiels de la valise pour la femme voyageant seule

FAIRE SES BAGAGES POUR voyager seul signifie trouver un équilibre entre avoir tout ce dont on a besoin et garder les choses faciles à gérer. Comme personne ne peut partager la charge, il est essentiel de faire ses bagages légers mais intelligemment pour être sûr d'être parfaitement préparé à tout ce qui pourrait se présenter. Voici quelques conseils pour créer une liste de bagages simplifiée :

### Vêtements essentiels

PENSEZ À CONSTITUER une garde-robe capsule avec des pièces polyvalentes qui peuvent être combinées et assorties. Choisissez des vêtements confortables et adaptés à la météo, idéalement dans des couleurs neutres qui se superposent bien. Voici une liste de base pour commencer :

- **Hauts**:Trois à quatre hauts qui peuvent être habillés vers le haut ou vers le bas.
- **Bas**:Deux paires de pantalons (un jean et une paire de

leggings) et une jupe ou une robe.

- **Vêtements d'extérieur**:Une veste légère et imperméable ou un manteau chaud selon la saison.
- **Chaussure**:Des chaussures de marche confortables et une paire de chaussures plates plus habillées pour sortir.
- **Accessoires**:Une écharpe (idéale pour ajouter du style et de la chaleur), un chapeau et des bijoux polyvalents.

**Articles de toilette et de santé**

EMPORTEZ DES VERSIONS de voyage de vos produits de toilette essentiels, car la plupart peuvent être réapprovisionnés localement si nécessaire. Voici une liste de contrôle des produits essentiels :

- Brosse à dents, dentifrice, shampoing et après-shampoing de voyage.
- Une petite trousse de maquillage et une crème hydratante pour le visage avec SPF.
- Des produits d'hygiène féminine si nécessaire (ils ne sont pas facilement disponibles dans certaines régions d'Europe).
- Médicaments : emportez toutes vos ordonnances, ainsi qu'une trousse de premiers soins de base comprenant des analgésiques, des pansements et des lingettes antiseptiques.

**Gadgets technologiques et de voyage**

- **Chargeur portable**:Un incontournable pour rester connecté, surtout les jours de voyage.
- **Adaptateur universel**:Les prises européennes varient selon les régions, il est donc fortement recommandé d'utiliser un adaptateur universel avec ports USB.
- **Petite multiprise**:Idéal pour charger plusieurs appareils à la

fois, particulièrement utile dans les auberges ou les hôtels plus anciens où les prises peuvent être limitées.

- **Lecteur électronique ou livre**:Léger et parfait pour le divertissement pendant le transport ou un repas en solo.

UN EMBALLAGE EFFICACE non seulement allège votre charge, mais garantit également que vous êtes prêt à affronter une gamme d'activités et de climats sans vous surcharger.

## 2.2 Conseils de transport pour les voyageurs solitaires en Europe

IL PEUT ÊTRE DIFFICILE de se déplacer dans le système de transport européen, mais avec un peu de recherche, vous découvrirez que c'est l'un des meilleurs moyens d'explorer le continent. Voici les principaux modes de transport et des conseils pour les utiliser au mieux.

**Trains**

LE RÉSEAU FERROVIAIRE européen est vaste, fiable et souvent pittoresque, ce qui en fait un choix fantastique pour les voyageurs solitaires. La plupart des grandes villes sont reliées par des trains à grande vitesse et des trains régionaux sont disponibles pour les petites villes. Voici comment tirer le meilleur parti des voyages en train :

- **Pass Eurail**:Si vous prévoyez de visiter plusieurs pays, pensez à un Eurail Pass, qui permet des voyages flexibles sur différents réseaux ferroviaires européens.
- **Réservation de billets**:Il est possible de réserver à l'avance via des applications comme Trainline ou directement sur les sites Internet des compagnies ferroviaires du pays (ex : SNCF pour la France, Deutsche Bahn pour l'Allemagne).
- **Conseils de sécurité**: Gardez un œil sur vos effets personnels et évitez de laisser des sacs sans surveillance, surtout sur les itinéraires très fréquentés.

**Compagnies aériennes à bas prix**

POUR LES VOYAGES LONGUE distance en Europe, les compagnies aériennes low cost comme Ryanair et EasyJet proposent des alternatives abordables au train. Cependant, gardez à l'esprit que les compagnies low cost décollent souvent d'aéroports secondaires, ce qui peut nécessiter un transport supplémentaire.

- **Réservation et tarifs**: Réservez directement sur le site de la compagnie aérienne et faites attention aux frais de bagages, car ils peuvent vite grimper. Voyagez avec un petit sac à dos ou un bagage à main pour éviter des frais supplémentaires.
- **Conseils d'arrivée**:Prévoyez à l'avance le transport de l'aéroport à votre hébergement, car certaines compagnies aériennes à bas prix atterrissent dans des aéroports plus éloignés des centres-villes.

**Les transports publics dans les villes**

UNE FOIS ARRIVÉ DANS votre ville de destination, les transports en commun seront votre meilleur allié. La plupart des villes européennes disposent de systèmes de transport en commun sûrs, efficaces et abordables.

- **Cartes de transport local**:De nombreuses villes proposent des pass journaliers ou des cartes de plusieurs jours qui permettent un accès illimité aux bus, aux tramways et aux services de métro. Citons par exemple le Paris Navigo Pass et la London Oyster Card.
- **Utilisation des applications**:Citymapper et Google Maps sont utiles pour obtenir des informations sur les transports en commun en temps réel, les itinéraires et les heures d'arrivée estimées.
- **Conseils pour voyager de nuit**:Pour les voyageurs solitaires, il est préférable d'éviter les stations vides tard le soir. Optez pour des taxis agréés ou des services de covoiturage comme Uber ou Bolt si vous rentrez à votre hébergement après la tombée de la nuit.

## 2.3 Recommandations en matière d'hébergement

TROUVER UN HÉBERGEMENT sûr, confortable et économique est essentiel pour une expérience de voyage en solo positive. Les options vont des auberges sociales aux locations privées et aux hôtels de charme. Voici des conseils pour choisir le bon hébergement pour votre voyage en solo.

**Auberges et dortoirs réservés aux femmes**

LES AUBERGES ET DORTOIRS réservés aux femmes offrent un environnement confortable et sécurisé pour rencontrer d'autres voyageurs tout en préservant un sentiment d'intimité et de sécurité. La plupart de ces auberges sont situées au centre, ce qui permet d'explorer facilement les sites populaires.

- **Avantages:**Les dortoirs réservés aux femmes offrent une sécurité supplémentaire et un environnement favorable aux femmes voyageant seules.
- **Chaînes populaires:**Les chaînes d'auberges comme YHA, Meininger et Generator proposent des dortoirs réservés aux femmes dans les principales villes européennes. Recherchez des auberges bien notées et ayant reçu des avis positifs sur la propreté et l'emplacement.
- **Opportunités sociales:**La plupart des auberges organisent des activités de groupe, idéales pour rencontrer d'autres voyageurs solitaires et se faire de nouveaux amis.

**Hôtels de charme et chambres d'hôtes**

POUR LES VOYAGEURS solitaires qui préfèrent une chambre privée et un service plus personnalisé, les hôtels-boutiques et les chambres d'hôtes sont des choix idéaux. Ces hébergements offrent souvent un caractère plus local et sont parfaits pour les voyageurs solitaires à la recherche de confort et de style.

- **Avantages:**Les hôtels-boutiques ont tendance à être plus petits, avec un personnel attentionné qui peut offrir des recommandations personnalisées et des conseils de sécurité.
- **Conseils de réservation:**Recherchez des endroits avec de bonnes notes sur des plateformes comme Booking.com ou Airbnb et lisez les commentaires spécifiquement des femmes voyageant seules.

### Airbnb et locations de vacances

SI VOUS RECHERCHEZ une expérience comme à la maison, Airbnb propose une gamme de chambres privées, d'appartements et même de séjours uniques comme des cottages et des péniches.

- **Conseils de sécurité**: Choisissez des « Superhosts » avec des avis positifs réguliers. Vérifiez toujours les détails de l'emplacement et vérifiez si l'hôte répond aux messages.
- **Expérience locale**:Séjourner dans un quartier local plutôt que dans une zone très touristique permet une expérience plus immersive et conduit souvent à la découverte de trésors cachés.

## 2.4 Assurance voyage et préparation sanitaire

L'ASSURANCE VOYAGE est essentielle, surtout pour les voyageurs solitaires. Les incidents imprévus, comme les annulations de vol ou les urgences médicales, peuvent être perturbants et coûteux. Il est donc essentiel d'avoir un plan en place.

### Choisir le bon plan d'assurance

UNE BONNE POLICE D'ASSURANCE voyage doit couvrir les urgences médicales, les objets perdus ou volés et les annulations de voyage. Voici quelques caractéristiques à prendre en compte :

- **Couverture santé**: Assurez-vous que votre police d'assurance comprend les soins de santé d'urgence et le rapatriement.
- **Objets perdus ou volés**:De nombreux plans couvrent le vol ou la perte d'objets tels que votre téléphone, votre ordinateur portable et vos bagages.
- **Annulation de voyage**:Recherchez des politiques qui

permettent des remboursements en cas d'événements imprévus comme une maladie ou des conditions météorologiques extrêmes.

**Rester en bonne santé sur la route**

IL EST ESSENTIEL DE rester en bonne santé sur la route, surtout lorsque vous voyagez seul. Voici quelques conseils clés :

- **Recherche sur l'accès aux soins de santé**: Sachez où se trouvent les hôpitaux ou cliniques les plus proches de chaque destination. De nombreuses villes offrent des services médicaux en anglais aux touristes.
- **Médicaments et vaccins**:Apportez tous les médicaments nécessaires ainsi que des copies de vos ordonnances. Renseignez-vous sur les vaccins requis et consultez votre médecin pour obtenir des conseils de santé spécifiques au voyage.
- **Rester hydraté**: Emportez une bouteille d'eau réutilisable, car de nombreuses villes européennes proposent de l'eau potable. Il est particulièrement important de rester hydraté lorsque vous êtes en déplacement toute la journée.

## 2.5 Principes essentiels de sécurité pour les voyageurs solitaires

IL EST ESSENTIEL DE garantir votre sécurité sur la route. De l'utilisation d'applications fiables à la vigilance autour de vous, ces conseils vous aideront à rester en sécurité tout au long de votre voyage.

### Utilisez des applications de sécurité en voyage

CERTAINES APPLICATIONS peuvent vous apporter la tranquillité d'esprit lorsque vous voyagez seul :

- **bSécurité**:Cette application vous permet de partager votre position avec vos amis ou votre famille et comprend un bouton SOS qui alerte vos contacts choisis.

- **GéoSure**:Fournit des notes de sécurité pour les quartiers et les zones touristiques populaires en temps réel, ce qui facilite l'évaluation de la sécurité des zones inconnues.

**Restez conscient de vos biens**

LES VOLS À LA TIRE peuvent être fréquents dans les zones très fréquentées comme les gares et les sites touristiques, il est donc essentiel de rester vigilant :

- **Ceinture porte-monnaie ou sac antivol**:Utilisez une ceinture porte-monnaie ou un sac antivol pour sécuriser vos objets de valeur comme votre passeport et vos cartes de crédit.
- **Blocage RFID**:De nombreux portefeuilles de voyage sont dotés d'un blocage RFID pour empêcher les analyses non autorisées de votre passeport ou de vos cartes.
- **Cadenas pour sac à dos**:Si vous utilisez un sac à dos, en particulier dans les zones très fréquentées, utilisez un petit verrou sur vos fermetures à glissière pour dissuader les pickpockets.

**Faites confiance à votre instinct**

VOTRE INSTINCT EST un outil puissant lorsque vous voyagez seul. Si une situation vous semble inconfortable ou dangereuse, n'hésitez pas à vous en éloigner, que ce soit en trouvant un endroit bien éclairé, en entrant dans un café ou même en déclinant poliment une invitation.

Une bonne planification garantit que votre voyage en solo se déroulera en toute sécurité, sans problème et de manière agréable. Des bons choix d'emballage aux logements sûrs et aux stratégies de sécurité personnelle, ces préparatifs vous donneront la confiance dont vous avez besoin pour explorer l'Europe en solo. N'oubliez pas que voyager en solo est synonyme de liberté et de découverte, alors lancez-vous dans l'aventure, préparez-vous et vivez une expérience inoubliable !

# Chapitre 3 : Explorer le monde en solo avec confiance et embrasser la spontanéité

Voyager seul en Europe ouvre un monde de possibilités d'aventure, de croissance et de découverte. Sans l'influence de compagnons, les voyageurs solitaires ont une occasion unique d'adopter la spontanéité, permettant à chaque journée de se dérouler naturellement. Ce chapitre vous guidera pour maximiser votre temps sur la route, découvrir des trésors cachés, rencontrer des locaux et vous immerger dans de nouvelles cultures tout en équilibrant la liberté du voyage en solo avec une planification pratique.

## 3.1 Développer la confiance dans l'exploration en solo

POUR PROFITER AU MAXIMUM de votre voyage en solo, il est essentiel de commencer votre voyage en toute confiance. De nombreux voyageurs solitaires débutants ressentent une certaine nervosité, mais avec le temps, l'exploration en solo peut devenir une seconde nature. Voici quelques conseils pour gagner en confiance :

**Commencez petit avec l'exploration locale**

SI VOYAGER SEUL EST nouveau pour vous, commencez par vous entraîner à la maison. Essayez de passer une journée à explorer votre ville, à visiter un musée ou à manger seul dans un nouveau restaurant.

Cette pratique vous aidera à vous familiariser avec l'idée d'explorer de manière indépendante et à prendre des décisions en toute confiance.

**Adoptez le rôle du voyageur curieux**

LORSQUE VOUS VOYAGEZ seul, faites preuve de curiosité et autorisez-vous à poser des questions, à prendre des photos et à observer attentivement votre environnement. Se promener dans un marché animé, explorer un quartier historique ou visiter un café local sont autant d'occasions de s'immerger et d'en apprendre davantage sur la culture.

**Trouvez la beauté dans les petits moments**

VOYAGER SEUL VOUS PERMET de vivre pleinement l'instant présent sans distractions. Prenez le temps de savourer vos repas, de vous attarder dans des endroits pittoresques ou de vous arrêter pour profiter du spectacle d'un musicien de rue. Ces expériences deviennent souvent des souvenirs précieux qui définissent votre aventure en solo.

## 3.2 Équilibrer les itinéraires planifiés avec les aventures spontanées

L'UN DES AVANTAGES des voyages en solo est la possibilité de changer de plan sur un coup de tête, ce qui permet de combiner structure et spontanéité. Voici comment équilibrer efficacement les deux :

**Créer un itinéraire flexible**

BIEN QU'IL SOIT TENTANT de planifier chaque détail, laisser un peu de place dans votre emploi du temps pour des découvertes imprévues peut rendre votre voyage plus passionnant. Voici une approche flexible :

- **Ayez une activité clé par jour**:Choisissez une attraction ou une expérience principale à vivre chaque jour, comme visiter le Colisée à Rome ou le musée Van Gogh à Amsterdam.
- **Laissez « Heure d'ouverture »**:Consacrez quelques heures chaque jour à explorer les quartiers, les parcs ou les endroits cachés que vous rencontrez à proximité.
- **Profitez des journées de voyage**:Prévoyez au moins une journée durant votre voyage sans activités planifiées. Cette journée peut être consacrée à l'exploration de tout ce qui vous intéresse spontanément.

**Faites confiance à votre instinct pour explorer**

LES VOYAGEURS SOLITAIRES vivent souvent des expériences extraordinaires en étant ouverts à l'instant présent. En vous promenant dans une nouvelle ville, laissez-vous guider par votre instinct, qu'il s'agisse d'entrer dans une librairie chaleureuse, une galerie d'art cachée ou un marché de rue accueillant. Faire confiance à son instinct s'applique également aux rencontres : si un habitant vous invite à découvrir un endroit hors des sentiers battus et que vous vous sentez à l'aise, cela pourrait vous permettre de vivre une expérience mémorable.

**Dire oui aux opportunités uniques**

LES OPPORTUNITÉS SPONTANÉES, comme participer à un spectacle de rue à Barcelone, participer à un échange linguistique à Paris ou explorer les ruelles cachées de Porto, sont ce qui rend un voyage en solo vraiment enrichissant. Soyez ouvert aux invitations uniques, à condition qu'elles correspondent à vos consignes de sécurité et à votre niveau de confort.

## 3.3 Trouver des trésors cachés au-delà des sentiers touristiques

LES VILLES EUROPÉENNES regorgent d'attractions populaires, mais la magie réside souvent dans la découverte des endroits moins connus. Voici quelques moyens de découvrir des trésors cachés qui vous permettront de vivre une expérience plus profonde et plus unique :

**Explorez les marchés locaux et les foires de rue**

LES MARCHÉS LOCAUX sont des pôles culturels où vous pouvez déguster des plats traditionnels, interagir avec les habitants et voir des objets artisanaux. Voici quelques marchés populaires qui valent la peine d'être visités :

- **Marché des Enfants Rouges, Paris**: C'est le plus ancien marché couvert de Paris et il propose un mélange de cuisine de rue française, marocaine et caribéenne.
- **Marché de San Miguel, Madrid**: Connu pour ses tapas et ses fruits de mer frais, ce marché est un endroit idéal pour déguster une variété de spécialités espagnoles.
- **Naschmarkt, Vienne**: Le Naschmarkt de Vienne est un marché animé avec des stands de nourriture, des antiquités et des produits frais qui vous plongeront dans la culture autrichienne.

**Demandez des recommandations aux locaux**

LES LOCAUX SONT SOUVENT ceux qui connaissent le mieux les endroits cachés, qu'il s'agisse d'un point de vue tranquille, d'un musée moins connu ou d'un fantastique restaurant familial. N'hésitez pas à demander au concierge de votre hôtel, à un sympathique commerçant ou à d'autres convives des recommandations sur les endroits à visiter qui ne sont pas largement annoncés.

**Utilisez les réseaux sociaux pour découvrir des sites insolites**

LES PLATEFORMES COMME Instagram et Pinterest peuvent être d'excellentes ressources pour trouver des endroits uniques. Recherchez des hashtags liés à la ville, tels que #HiddenParis ou

#SecretAmsterdam, pour découvrir des endroits pittoresques et moins visités que d'autres voyageurs ont découverts par hasard.

## 3.4 Adopter la culture locale et rencontrer de nouvelles personnes

RENCONTRER DES LOCAUX et d'autres voyageurs est l'un des moments forts d'un voyage en solo. Ces interactions ajoutent une profondeur à votre expérience, créant des souvenirs qui éclipsent souvent les monuments et les attractions touristiques. Voici comment interagir avec les locaux et rencontrer d'autres voyageurs :

**Rejoignez des visites de groupe ou des visites à pied**

PARTICIPER À UNE VISITE guidée à pied ou à une excursion de groupe est un excellent moyen d'en apprendre davantage sur un lieu tout en rencontrant d'autres voyageurs solitaires ou des locaux. De nombreuses villes proposent des expériences de groupe uniques, telles que :

- **Circuits Art et Histoire**:Pour une exploration plus approfondie, recherchez des visites spécialisées, comme des visites axées sur l'art à Florence ou des visites historiques à Berlin.
- **Visites gastronomiques**:Un food tour à Lisbonne ou à Barcelone vous fait découvrir les joyaux culinaires de la ville tout en vous permettant de rencontrer d'autres passionnés de cuisine.
- **Visites à pied gratuites**:Ces circuits fonctionnent sur la base de pourboires, ce qui les rend abordables et accessibles. Ils sont idéaux pour découvrir les principales attractions d'une ville et trouver des compagnons de voyage en cours de route.

## Participez à des événements et festivals locaux

L'EUROPE REGORGE D'ÉVÉNEMENTS culturels, dont beaucoup sont ouverts au public. Assister à un festival ou à un événement local vous permet de découvrir la culture de première main, qu'il s'agisse d'un festival de musique, d'une foire d'art ou d'une fête de fin d'année.

- **Carnaval de Notting Hill, Londres**:Une célébration dynamique de la culture caribéenne en août, connue pour ses défilés animés et sa musique.
- **Festival de La Mercè, Barcelone**:Ce festival de septembre comprend des concerts, des feux d'artifice et des tours humaines traditionnelles (castells).
- **Marchés de Noël, Allemagne**:Les marchés de Noël dans des villes comme Munich et Berlin proposent de l'artisanat unique, du vin chaud et des friandises de Noël.

## Utiliser des applications pour les relations sociales

PLUSIEURS APPLICATIONS peuvent vous aider à rencontrer des locaux ou d'autres voyageurs en toute sécurité et confort. Voici quelques options :

- **Rencontre**:Rejoignez des groupes d'intérêt pour des activités telles que la randonnée, la photographie ou l'échange linguistique.
- **Couchsurfing Hangouts**:Cette application vous permet de vous connecter avec d'autres voyageurs ou locaux pour des rencontres informelles, comme des sorties café ou des visites de la ville.
- **Tandem**:Si vous êtes intéressé par un échange linguistique,

cette application vous met en relation avec des locaux qui souhaitent pratiquer l'anglais ou vous aider à pratiquer leur langue.

## 3.5 Pratiquer l'étiquette culturelle et le respect

CHAQUE PAYS A SES PROPRES coutumes, traditions et façons de faire. Le respect de la culture locale peut enrichir votre expérience et vous aider à nouer des relations positives. Voici un guide rapide pour pratiquer l'étiquette culturelle en Europe :

## Comprendre les normes sociales

LES CULTURES EUROPÉENNES peuvent varier considérablement, il est donc utile de vous familiariser avec certaines coutumes générales :

- **Salutations**:En France et en Italie, par exemple, les gens se saluent en se faisant la bise, tandis qu'en Allemagne et en Europe du Nord, une poignée de main est plus courante.
- **Espace personnel**:En Europe du Nord, les gens ont tendance à valoriser l'espace personnel et peuvent trouver la proximité physique intrusive, tandis qu'en Europe du Sud, les gens sont souvent plus expressifs et physiquement proches.
- **Étiquette à table**:Dans de nombreux pays européens, il est d'usage de dire « santa » ou « prost » avant de boire un verre avec d'autres. En outre, il est souvent considéré comme impoli de se précipiter pour manger dans des pays comme la France et l'Italie, où le dîner est considéré comme un événement social.

## S'habiller modestement dans les sites religieux ou historiques

LORS DE LA VISITE DE sites religieux ou historiques, s'habiller modestement est un signe de respect. De nombreuses églises, temples et monuments, notamment en Italie et en Grèce, ont des codes vestimentaires exigeant que les visiteurs se couvrent les épaules et les genoux.

## Apprendre quelques expressions locales

APPRENDRE QUELQUES phrases de base dans la langue locale, comme « merci » (gracias en espagnol, thank you), « hello » (hallo en allemand, ciao en italien) et « please » peut être une preuve de respect et d'appréciation de la culture locale. Les locaux apprécient souvent cet effort, même si votre prononciation n'est pas parfaite.

## 3.6 Apprécier les joies des repas en solo et des moments imprévus

POUR DE NOMBREUX VOYAGEURS solitaires, dîner seul et combler les moments imprévus peut sembler intimidant, mais ces expériences apportent souvent le plus de croissance et de satisfaction.

### Maîtriser l'art de dîner en solo

MANGER SEUL PEUT ÊTRE l'un des moments les plus enrichissants d'un voyage en solo, car cela vous donne le temps de savourer l'expérience. Voici quelques conseils pour rendre cette expérience agréable :

- **Choisissez des cafés et des endroits décontractés:** De nombreuses villes européennes disposent de cafés décontractés où il est courant de manger seul. Choisissez un siège près d'une fenêtre pour observer les gens tout en savourant votre repas.
- **Apportez un livre ou un journal:** Si vous vous sentez mal à l'aise assis seul, un livre ou un journal peut être un excellent compagnon.
- **Essayez les spécialités locales:** La dégustation de spécialités culinaires locales, comme les pâtes en Italie ou le fromage en France, enrichira votre expérience. N'hésitez pas à demander conseil au personnel.

## Trouver la joie dans les moments simples

L'UN DES AVANTAGES du voyage en solo est d'apprendre à apprécier sa propre compagnie. Des moments imprévus, comme s'asseoir dans un parc tranquille, se promener dans un quartier ou admirer un coucher de soleil sur la mer, peuvent devenir les souvenirs les plus enrichissants de votre voyage.

Ce chapitre vous a fourni des conseils sur la manière d'explorer en toute confiance, d'adopter la spontanéité, de découvrir des trésors cachés et de vous immerger dans la culture locale. Maintenant que vous êtes prêt à parcourir l'Europe en tant qu'aventurier solitaire, laissez le voyage se dérouler !

# Chapitre 4 : Restez en sécurité et attentif pendant votre voyage en solo

La sécurité est une priorité absolue pour tout voyageur, en particulier pour les femmes qui voyagent seules. Se sentir préparé et rester vigilant tout en s'amusant vous aidera à voyager en toute confiance. Ce chapitre abordera les stratégies essentielles pour rester en sécurité tout en vous fondant dans la masse, en gérant votre santé, en manipulant vos effets personnels en toute sécurité et en naviguant dans différents scénarios sociaux.

## 4.1 Rester conscient de votre environnement

L'UNE DES MEILLEURES façons de rester en sécurité est d'être attentif à votre environnement. En restant attentif et en adoptant quelques habitudes simples, vous pourrez vous déplacer en toute confiance dans des zones inconnues.

### Maintenir une connaissance de la situation

LA CONSCIENCE SITUATIONNELLE consiste à observer votre environnement et à évaluer les risques potentiels. Elle vous aide à prendre des décisions rapides si quelque chose ne vous semble pas normal. Voici comment rester conscient sans devenir paranoïaque :

- **Prendre note des sorties**:Lorsque vous entrez dans un nouvel endroit, comme un café ou un musée, notez mentalement les sorties et les itinéraires alternatifs. C'est une petite habitude qui peut vous aider à vous sentir en sécurité dans n'importe quel environnement.
- **Restez attentif aux personnes qui vous entourent**:Lorsque vous vous déplacez dans la foule ou que vous utilisez les

transports en commun, faites attention aux personnes qui se trouvent à proximité. Faites confiance à votre instinct : si quelqu'un est trop près ou se comporte de manière étrange, vous pouvez vous éloigner ou trouver un endroit plus fréquenté et bien éclairé.

- **Limitez les distractions**: Évitez de marcher en étant absorbé par votre téléphone ou vos écouteurs. Rester vigilant vous permet de rester en phase avec votre environnement et d'éviter de passer pour une cible facile.

**Se fondre dans la population locale**

SE FONDRE DANS LA MASSE peut vous rendre moins visible et réduire le risque d'être abordé par des escrocs ou des pickpockets.

- **Habillez-vous de manière respectueuse et appropriée**: Renseignez-vous sur les normes culturelles vestimentaires de chaque destination. Dans de nombreuses villes européennes, les gens s'habillent de manière plus formelle que dans d'autres parties du monde. En évitant les tenues trop décontractées ou touristiques, vous vous intégrerez mieux à la population.
- **Faites attention à vos objets de valeur**: Évitez d'exposer des objets de valeur comme des bijoux coûteux ou des articles de créateurs, car ils peuvent faire de vous une cible. Utilisez votre téléphone et votre appareil photo de manière discrète, surtout dans les zones fréquentées.

## 4.2 Protégez vos biens

L'EUROPE EST UN PAYS généralement sûr, mais les vols à la tire peuvent être un problème dans les zones touristiques très fréquentées. Voici quelques conseils pratiques pour protéger vos biens.

## Utilisation d'un équipement antivol

INVESTIR DANS DES SACS et accessoires antivol est un choix judicieux pour les voyageurs solitaires. Voici quelques éléments à prendre en compte :

- **Sac à dos ou sac à main antivol**:Choisissez un sac avec des fermetures à glissière verrouillables, des compartiments bloquant les RFID et un matériau résistant aux coupures.
- **Ceinture porte-monnaie ou portefeuille tour de cou**:Une ceinture porte-monnaie ou un portefeuille de cou porté sous les vêtements permet de protéger vos objets importants comme votre passeport et vos cartes de crédit.
- **Serrure de porte ou alarme portable**:Si vous séjournez dans un hébergement économique ou souhaitez plus de sécurité dans les hôtels, une serrure de porte portable ou une alarme de voyage peut ajouter une tranquillité d'esprit supplémentaire.

## Manipulation d'objets de valeur dans des lieux fréquentés

LES ZONES TOURISTIQUES très fréquentées, les transports en commun et les marchés sont des lieux de prédilection pour les pickpockets. Voici comment protéger vos objets de valeur :

- **Utilisez la règle de la bandoulière**:Portez toujours votre sac en bandoulière, le sac devant vous et une main posée dessus. Il sera ainsi plus difficile pour quiconque de l'attraper ou de l'ouvrir.
- **Gardez l'essentiel à portée de main**:Rangez vos objets essentiels comme votre passeport, votre argent et vos cartes dans une petite pochette sécurisée que vous pouvez garder

près de votre corps, surtout lorsque vous utilisez les transports en commun.

- **Soyez extrêmement vigilant dans les endroits populaires:**Les sites emblématiques comme la Tour Eiffel à Paris, Las Ramblas à Barcelone et le Colisée à Rome attirent les touristes comme les pickpockets. Gardez vos affaires en sécurité et évitez de laisser vos sacs sans surveillance sur des chaises ou des tables.

## 4.3 Santé et soins personnels : comment s'y retrouver sur la route

IL EST ESSENTIEL DE préserver votre bien-être physique et mental lors d'un voyage en solo. Cette section aborde les questions de santé, de gestion du stress et de routines de soins personnels pendant vos déplacements.

### Rester en bonne santé en voyage

LES VOYAGES PEUVENT avoir des conséquences inattendues sur votre corps, notamment en raison des changements climatiques, des longues journées de voyage et des cuisines étrangères. Voici quelques conseils pour rester en bonne santé :

- **Restez hydraté**: Emportez une bouteille d'eau réutilisable et prenez l'habitude de boire tout au long de la journée. De nombreuses villes européennes disposent d'eau potable et de fontaines publiques.
- **Privilégiez les repas équilibrés**:Il est facile de se faire plaisir en voyage, mais essayez de maintenir un équilibre. Incluez des fruits, des légumes et des aliments complets dans vos repas pour conserver votre énergie.
- **Restez actif**:La marche est souvent le meilleur moyen d'explorer les villes européennes. Adoptez-la comme un exercice quotidien et planifiez des activités physiques comme la randonnée, le vélo ou même le yoga dans les parcs locaux pour rester en forme.

### Gérer le stress et le choc culturel

VOYAGER SEUL PEUT PARFOIS être une expérience intimidante, surtout lorsqu'il s'agit de s'adapter à de nouvelles cultures. Voici comment gérer le stress et profiter de votre séjour à l'étranger :

- **Établir une routine**: Créez une routine quotidienne souple, que ce soit en savourant un café dans un café local chaque matin ou en consacrant un moment à prendre des nouvelles de votre famille. De petites routines peuvent apporter du réconfort.

- **Pratiquer la pleine conscience**: Trouvez des moments pour être présent et apprécier votre parcours. Prendre quelques minutes chaque jour pour réfléchir peut réduire le stress et vous permettre de garder les pieds sur terre.
- **Donnez-vous le temps de vous adapter**:Le choc culturel est normal, surtout dans les endroits où les coutumes ou la langue sont différentes. Accordez-vous du temps pour vous adapter et essayez d'aborder les nouvelles expériences avec un esprit ouvert.

## 4.4 Gestion de l'attention et des interactions indésirables

EN TANT QUE VOYAGEUSE solo, vous pourriez recevoir une attention ou des invitations que vous n'avez pas sollicitées. Être préparée à ces scénarios vous aidera à réagir avec assurance et à garder le contrôle de votre expérience.

**Reconnaître et réagir aux escroqueries courantes**

LES ZONES TOURISTIQUES d'Europe peuvent être le théâtre d'arnaqueurs qui proposent des offres ou des distractions aux voyageurs. Voici un aperçu de certaines arnaques courantes et des moyens de les éviter :

- **Le bracelet de l'amitié**:Dans des villes comme Paris et Rome, il arrive souvent que quelqu'un s'approche de vous pour vous attacher un bracelet au poignet, puis exige un paiement. Dites poliment mais fermement « non » et partez.
- **Demandes de photos**:Certaines personnes peuvent vous

proposer de prendre votre photo et vous demander ensuite de l'argent. Refusez poliment ou ne confiez votre téléphone qu'à des personnes en qui vous avez confiance.

- **Arnaques aux pétitions**:Quelqu'un peut vous demander de signer une pétition, vous distrayant pendant qu'un complice cible vos objets de valeur. Refusez poliment et continuez votre chemin.

**Fixer des limites avec fermeté et confiance**

UNE ATTENTION NON DÉSIRÉE peut survenir n'importe où dans le monde. Voici comment la gérer en toute confiance :

- **Fermement « Non, merci »**:Apprenez à dire clairement « non, merci » dans la langue locale. Dans la plupart des cas, les gens respecteront un refus ferme mais poli.
- **Évitez le contact visuel prolongé**:Dans certaines cultures, un contact visuel prolongé peut être perçu comme une invitation. Évitez tout contact visuel si vous sentez un intérêt indésirable.
- **Trouver une sortie sûre**:Si une situation vous semble inconfortable, excusez-vous et trouvez une sortie sûre, que ce soit en vous rendant dans un café très fréquenté ou en appelant un taxi.

**Utiliser le langage corporel pour affirmer son indépendance**

VOTRE LANGAGE CORPOREL peut communiquer votre confiance et dissuader les interactions indésirables. Tenez-vous droit, marchez avec détermination et montrez clairement que vous savez où vous allez, même si vous n'avez pas encore trouvé la solution. Garder la tête haute et maintenir un rythme soutenu peut indiquer que vous n'êtes pas une cible facile.

## 4.5 Se déplacer en toute sécurité dans les transports et l'hébergement

LE TRANSPORT ET L'HÉBERGEMENT sont essentiels à tout voyage, et prendre de simples précautions de sécurité dans ces domaines peut améliorer votre expérience de voyage globale.

**Pratiques sécuritaires dans les transports publics**

LES TRANSPORTS PUBLICS sont un moyen populaire et abordable de se déplacer en Europe, mais il y a quelques conseils de sécurité à garder à l'esprit :

- **Utiliser les services officiels**: Privilégiez les taxis agréés ou les services de covoiturage réputés comme Uber ou Bolt, surtout la nuit. Évitez d'accepter des courses non sollicitées.
- **Restez vigilants dans les trains et les bus**: Lorsque vous êtes dans les transports en commun, gardez vos sacs sur vos genoux ou entre vos pieds plutôt que sur le siège à côté de vous.
- **Options de transport nocturne sécurisées**: Pour les voyages de nuit, pensez à réserver votre billet à l'avance et à choisir des compagnies de bus ou de train réputées qui proposent des itinéraires de nuit sûrs.

**Sécurité dans les logements**

QUE VOUS SÉJOURNIEZ dans un hôtel, une auberge ou un Airbnb, prendre de petites précautions peut rendre votre séjour plus sûr :

- **Vérifiez les avis pour plus de sécurité**: Avant de réserver, lisez les avis sur des sites réputés comme Booking.com ou Airbnb, et faites attention aux commentaires sur la sécurité du quartier.
- **Utiliser les coffres-forts des hôtels**: Rangez vos objets de valeur comme vos passeports et vos appareils électroniques dans le coffre-fort de la chambre ou, s'il n'est pas disponible, gardez-les dans un sac sécurisé.
- **Procédure d'enregistrement des chambres**: À votre arrivée, vérifiez que les fenêtres et les portes se verrouillent correctement. Familiarisez-vous avec les sorties de secours et utilisez un butoir de porte pour plus de sécurité.

## 4.6 Faire confiance à son instinct et devenir autonome

FAIRE CONFIANCE À VOTRE instinct est une compétence inestimable lorsque vous voyagez en solo, car elle vous donne la confiance nécessaire pour naviguer dans des environnements inconnus et prendre des décisions rapides dans des situations potentiellement dangereuses.

### Écouter son instinct

SI QUELQUE CHOSE VOUS semble étrange, c'est probablement le cas. Votre intuition est souvent le meilleur guide. Faites-vous confiance pour prendre la bonne décision, qu'il s'agisse de vous éloigner d'une interaction douteuse, de décliner une invitation ou d'éviter un itinéraire inconnu la nuit.

### Adopter l'autonomie

VOYAGER SEUL EST UNE expérience enrichissante qui renforce l'autonomie. À chaque nouvel endroit où vous naviguez, à chaque situation que vous gérez seul, vous développez votre résilience. Embarquez pour ce voyage avec confiance, sachant que chaque défi renforce votre indépendance et votre croissance.

### Savoir quand demander de l'aide

BIEN QUE LES VOYAGES en solo mettent l'accent sur l'indépendance, il est essentiel de savoir quand demander de l'aide. Dans les grandes villes, vous trouverez des centres d'information touristique, des policiers anglophones et des habitants accueillants qui pourront vous aider si nécessaire. N'hésitez pas à demander de l'aide si nécessaire, car l'Europe soutient généralement les voyageurs.

En appliquant ces stratégies de sécurité, vous pourrez explorer l'Europe en toute confiance, préparé à toute éventualité. Qu'il s'agisse de protéger vos biens, d'affirmer vos limites, de maintenir une conscience de la situation ou de suivre votre instinct, chacun de ces outils vous permet de parcourir l'Europe en tant que voyageur averti et indépendant.

Maintenant que vous êtes équipé des conseils de sécurité essentiels, vous êtes prêt à profiter au maximum de votre voyage en solo, avec à la fois liberté et tranquillité d'esprit à vos côtés.

# Chapitre 5 : Créer des expériences inoubliables en Europe

Voyager seul est l'occasion de s'immerger pleinement dans le monde qui vous entoure, d'accepter la liberté de faire vos propres choix et de savourer chaque instant à votre façon. Dans ce chapitre, nous découvrirons comment créer des expériences mémorables et marquantes en tant que voyageur solo, qu'il s'agisse d'explorer des endroits moins connus, de nouer des liens avec les communautés locales ou de capturer des moments spéciaux que vous pourrez chérir longtemps après la fin du voyage.

## 5.1 À la recherche d'expériences authentiques

L'EUROPE EST RICHE en culture, en histoire et en merveilles cachées, dont beaucoup se trouvent hors des sentiers battus des attractions touristiques. Découvrir ces trésors cachés vous permettra non seulement de vivre une aventure passionnante, mais aussi de découvrir le côté authentique de chaque destination.

### À la découverte de destinations hors des sentiers battus

SI DES SITES CÉLÈBRES comme la Tour Eiffel, le Colisée et la Sagrada Familia méritent d'être visités, le véritable charme de l'Europe réside souvent dans ses endroits moins connus. Voici comment les trouver :

- **Aventurez-vous dans des villes et des villages plus petits:**Des villes comme Annecy en France, Sintra au Portugal et Gand en Belgique offrent des paysages époustouflants, une architecture historique et une chance de voir la vie locale sans grandes foules.

- **Découvrez les quartiers cachés:** Même les grandes villes ont des recoins culturels et pleins de charme que de nombreux touristes oublient. Explorez des lieux comme le Trastevere à Rome, l'Alfama à Lisbonne et El Raval à Barcelone pour avoir un aperçu authentique de la vie quotidienne et de l'esprit de la ville.
- **Demandez des recommandations aux locaux:** Les habitants peuvent vous guider vers des trésors cachés. Demandez-leur des recommandations sur les endroits où manger, les points de vue cachés et les endroits locaux préférés. Ils peuvent vous conduire vers des endroits que vous ne trouveriez jamais dans un guide.

**Participer aux coutumes et festivals locaux**

L'EUROPE EST CONNUE pour ses festivals, ses marchés saisonniers et ses traditions uniques. Participer à ces événements vous donne un aperçu de la culture de l'Europe :

- **Fêtes traditionnelles:** Essayez d'aligner votre visite avec les festivals locaux comme l'Oktoberfest à Munich, le Festival Fringe d'Édimbourg ou le Carnaval annuel de Venise pour une expérience culturelle inoubliable.
- **Cours et ateliers culturels:** Cherchez des opportunités de participer à des cours de cuisine en Italie, à des dégustations de vin en France ou à des cours de flamenco en Espagne. Ces expériences pratiques offrent une façon mémorable de se connecter à la culture locale.
- **Marchés et foires artisanales:** Les marchés européens, des marchés aux puces de Berlin au Borough Market de Londres, sont des lieux animés où découvrir la cuisine, l'art et l'artisanat locaux. Ne manquez pas les événements saisonniers

comme les marchés de Noël en Allemagne ou les marchés aux fleurs aux Pays-Bas.

## 5.2 Échanges avec les habitants et les autres voyageurs

L'UN DES MEILLEURS aspects du voyage en solo est la possibilité de rencontrer des gens d'horizons différents, qu'ils soient locaux ou qu'ils voyagent avec d'autres voyageurs. Voici comment nouer des liens significatifs tout au long du voyage.

### Se faire des amis sur la route

VOYAGER SEUL NE SIGNIFIE pas forcément isolement ; il existe de nombreuses façons de rencontrer des personnes qui peuvent enrichir votre expérience :

- **Séjournez dans des logements sociaux**:Les auberges, les maisons d'hôtes et même certains hôtels-boutiques organisent des événements sociaux où les voyageurs solitaires peuvent se rencontrer. De nombreuses auberges proposent des activités de groupe comme des visites de la ville, des tournées des bars et des soirées culinaires.
- **Rejoignez des visites de groupe**:Les visites locales pour petits groupes, telles que les visites à vélo, les visites à pied ou les visites gastronomiques, offrent un moyen confortable de rencontrer d'autres personnes tout en découvrant la ville.
- **Utilisez les applications sociales pour les voyageurs**:Des applications comme Meetup, Couchsurfing et même Instagram peuvent vous mettre en contact avec des personnes de la région. Certaines villes disposent également de groupes WhatsApp ou Facebook locaux pour les voyageurs.

**Engager des conversations significatives avec les habitants**

INTERAGIR AVEC LES habitants peut approfondir votre compréhension d'un lieu et créer des souvenirs durables :

- **Apprenez des phrases de base dans la langue locale**:Quelques phrases comme « bonjour », « merci » et « au revoir » dans la langue locale peuvent faire une impression positive et conduisent souvent à des conversations chaleureuses.
- **Visitez les cafés et les librairies locales**:Les cafés, les librairies et les lieux de rencontre locaux sont d'excellents endroits pour engager des conversations informelles avec les habitants.
- **Participez à des rencontres d'échange linguistique**:De nombreuses villes organisent des événements d'échange linguistique où les gens se rencontrent pour pratiquer différentes langues. C'est une façon amusante et détendue de rencontrer des locaux et d'améliorer leurs compétences linguistiques.

## 5.3 Capturer et préserver les souvenirs

LES SOUVENIRS DE VOYAGE sont précieux et trouver des moyens de les immortaliser peut vous aider à chérir vos expériences longtemps après votre retour à la maison. Voici comment préserver ces moments spéciaux de manière créative.

### Prendre des photos significatives

PLUTÔT QUE DE VOUS concentrer uniquement sur la capture de points de repère, essayez de documenter des moments qui capturent l'esprit de votre voyage :

- **Capturez les moments du quotidien**: Prenez des photos de marchés locaux, de repas et de scènes de rue qui mettent en valeur la vie quotidienne de l'endroit que vous visitez.

- **Créer un journal photo**: Gardez un petit carnet dans lequel vous noterez les détails de chaque photo : où vous étiez, ce que vous avez ressenti et toutes les conversations que vous avez eues. Cela transforme vos photos en une expérience narrative.
- **Utilisez des retardateurs ou demandez à d'autres personnes**:N'hésitez pas à demander à vos compagnons de voyage ou aux locaux de vous prendre en photo, ou utilisez un retardateur pour des clichés en solo. Ces photos vous capturent au cœur de votre aventure et constituent de superbes souvenirs.

**Tenir un journal de voyage**

TENIR UN JOURNAL PEUT être une manière réfléchie et agréable de documenter votre parcours :

- **Écrire un récapitulatif quotidien**:Résumez votre journée en quelques phrases : ce que vous avez fait, vu et ressenti. Cela créera une banque de souvenirs que vous pourrez revisiter à tout moment.
- **Enregistrer les petits détails**: Enregistrez des bribes de conversations, des rencontres amusantes ou des moments marquants dans votre journal. Ces petits détails sont souvent ceux que nous oublions avec le temps.
- **Esquissez votre environnement**:Si vous avez un penchant artistique, pensez à dessiner certains des endroits que vous visitez. Même de simples croquis peuvent être une manière significative de se souvenir de lieux spéciaux.

## 5.4 Pratiquer la pleine conscience et la gratitude

VOYAGER SEUL PEUT ÊTRE profondément transformateur, surtout si vous l'abordez en pleine conscience. Ralentir et apprécier chaque expérience vous permet de tirer le meilleur parti de votre voyage.

### Embrasser le moment présent

PRENDRE LE TEMPS DE faire preuve de pleine conscience pendant vos voyages vous aide à savourer chaque expérience. Voici comment rester ancré dans votre voyage :

- **Faites une pause et observez**:Au lieu de vous précipiter dans votre itinéraire, prenez quelques instants à chaque destination pour respirer, observer et apprécier le décor.
- **Se déconnecter de la technologie**:Bien qu'il soit important de documenter votre voyage, réservez-vous quelques instants sans votre téléphone ou votre appareil photo. Profitez de ces moments pour vous imprégner pleinement de la beauté et de l'atmosphère qui vous entourent.
- **Réfléchissez à votre parcours**:À la fin de chaque journée, prenez quelques minutes pour réfléchir à ce que vous avez vécu et à ce pour quoi vous êtes reconnaissant. Cela peut approfondir votre appréciation du voyage et vous aider à intérioriser les souvenirs.

### Pratiquer la gratitude pour le voyage

VOYAGER SEUL PEUT ÊTRE un défi, mais c'est aussi un privilège. Cultiver la gratitude peut enrichir votre expérience :

- **Reconnaître les petits actes de gentillesse**:Qu'il s'agisse d'un sourire amical d'un inconnu, d'une indication utile d'un habitant local ou d'un repas chaud après une longue journée, prenez note de la gentillesse que vous rencontrez.

- **Célébrez votre indépendance**:Chaque décision que vous prenez seul témoigne de votre force et de votre courage. Célébrez votre capacité à voyager seul et la perspective unique que cela vous donne sur le monde.
- **Soyez reconnaissant pour l'opportunité d'explorer**:Reconnaître le privilège du voyage, les lieux que vous voyez et les cultures avec lesquelles vous interagissez rendront votre voyage d'autant plus significatif.

## 5.5 Embrasser le voyage en tant que voyageur solitaire

EN FIN DE COMPTE, VOYAGER en solo est une question de découverte de soi, de croissance et de dépassement de sa zone de confort. Voici comment profiter pleinement de ce voyage transformateur.

**Célébrez vos succès en solo**

VOYAGER SEUL IMPLIQUE d'innombrables petites victoires, comme se déplacer seul dans une nouvelle ville ou réussir à communiquer dans une langue étrangère. Célébrez chaque réussite :

- **Récompensez-vous avec de petites friandises**: Offrez-vous une pâtisserie préférée, un souvenir ou une journée de détente au spa. Ces petites récompenses peuvent vous rappeler vos accomplissements.
- **Réfléchissez à votre croissance**:Les voyages en solo sont souvent source de croissance personnelle. Prenez le temps de réfléchir à ce que vous avez appris sur vous-même, vos préférences et vos limites.

- **Appréciez votre résilience**:Voyager seul demande de la résilience, de l'adaptabilité et de la confiance. Profitez de la force et de l'indépendance que vous développez en cours de route.

**Faites confiance au voyage**

TOUS LES JOURS NE SERONT pas parfaits, mais sachez que chaque instant contribue à une expérience significative :

- **Accepter l'inattendu**:Qu'il s'agisse d'un retard dans vos plans, d'un changement soudain de météo ou d'un détour imprévu, profitez des moments inattendus. Ils mènent souvent aux expériences les plus mémorables.
- **Abandonnez la perfection**:Il est naturel de vouloir que tout se passe bien, mais voyager en solo peut être imprévisible. Renoncer à la perfection vous permet de profiter pleinement du voyage.
- **Savourez la liberté de l'exploration en solo**:Il y a une joie unique à explorer le monde à votre rythme. Profitez de la liberté de choisir votre propre rythme, de poursuivre vos intérêts et de découvrir de nouvelles passions.

## 5.6 Ramener le voyage à la maison

MÊME SI L'AVENTURE peut prendre fin, les retombées d'un voyage en solo peuvent durer toute une vie. Voici comment garder l'esprit du voyage bien vivant une fois de retour à la maison.

**Rester en contact avec les personnes que vous avez rencontrées**

SI VOUS AVEZ NOUÉ DES liens significatifs avec d'autres voyageurs ou des locaux, restez en contact :

- **Échange sur les réseaux sociaux ou par e-mail:** Partagez vos coordonnées avec les personnes que vous avez rencontrées sur la route. Cela vous permet de maintenir des amitiés ou même de planifier de futurs voyages ensemble.

- **Envoyer une note de remerciement**:Si un habitant local a fait de son mieux pour vous aider ou vous guider, une petite note ou un message de gratitude peut signifier beaucoup.

**Réflexion sur votre expérience**

À VOTRE RETOUR, PRENEZ le temps de revenir sur votre parcours :

- **Créer un album de voyage**:Imprimez des photos, conservez des billets et collectionnez de petits souvenirs pour créer un album de vos voyages.
- **Partagez des histoires avec vos proches**:Partager vos expériences avec votre famille et vos amis aide à garder les souvenirs vivants et vous permet de réfléchir à ce que vous avez appris.

Voyager seul, c'est voyager non seulement à travers de nouveaux lieux, mais aussi à l'intérieur de soi-même. En recherchant des expériences authentiques, en vous connectant avec les habitants, en capturant des souvenirs significatifs et en embrassant le voyage avec gratitude, vous créez des histoires et des leçons qui resteront avec vous longtemps après votre retour. L'Europe vous attend : laissez-la devenir le décor de votre propre aventure solo inoubliable !

# Chapitre 6 : Budgétisation et gestion des finances pour une aventure en solo

Voyager en Europe en tant qu'aventurier solitaire est possible avec presque tous les budgets, à condition de planifier de manière stratégique et de prendre des décisions de dépenses réfléchies tout au long du voyage. Dans ce chapitre, nous verrons comment créer un budget réaliste, maximiser vos économies avant le départ et gérer vos dépenses tout au long de votre voyage afin que vous puissiez profiter de chaque expérience sans stress financier.

## 6.1 Planifier votre budget et fixer des objectifs financiers

AVANT DE PARTIR À LA découverte de l'Europe, il est essentiel d'établir un budget qui couvre tous les aspects de votre voyage, des vols aux repas en passant par les souvenirs. Connaître le montant dont vous aurez besoin pour chaque catégorie vous aidera à éviter les dépenses imprévues.

**Estimation des coûts pour votre destination**

LES COÛTS D'UN VOYAGE varient considérablement selon les pays et les régions d'Europe. Voici comment estimer les dépenses pour chaque partie de votre voyage :

- **Hébergement**: Renseignez-vous sur le prix des hôtels, des auberges et des locations de courte durée dans les destinations que vous avez choisies. Les villes comme Londres et Paris ont tendance à être plus chères que les villes plus petites comme Porto ou Cracovie.
- **Alimentation et restauration**: Estimez le coût des repas

quotidiens en vérifiant les prix pratiqués dans les restaurants locaux. Pensez également à préparer vous-même certains repas pour économiser de l'argent.

- **Transport**: Pensez aux vols, aux pass ferroviaires et aux transports en commun. Si vous voyagez entre plusieurs villes ou pays, renseignez-vous sur les pass ferroviaires comme Eurail ou les compagnies aériennes low cost comme Ryanair.
- **Activités et excursions**:Faites une liste des principales activités que vous souhaitez faire, telles que des visites de musées, des visites guidées ou des excursions en plein air, et prévoyez un budget pour les frais d'entrée ou la location d'équipement.

### Créer un fonds de voyage

UNE FOIS QUE VOUS AVEZ une estimation, déterminez à l'avance combien vous devez économiser :

- **Créer un compte d'épargne dédié**:Ouvrez un compte d'épargne spécialement dédié à votre fonds de voyage. Cela permet de séparer votre épargne voyage des autres fonds, ce qui facilite le suivi.
- **Automatiser les économies**: Configurez un virement automatique mensuel sur votre compte voyage. Même les petits montants s'accumulent au fil du temps.
- **Réduisez vos dépenses quotidiennes**:Envisagez de petits sacrifices, comme éviter d'aller au café tous les jours ou réduire vos abonnements en ligne, pour augmenter vos économies de voyage.

## 6.2 Économiser de l'argent sur les transports

LE TRANSPORT PEUT REPRÉSENTER une dépense importante, mais avec la bonne approche, vous pouvez économiser considérablement sur les vols, les trains, les bus et les transports locaux.

**Réservation de vols abordables**

SI VOUS DEVEZ PRENDRE l'avion, une réservation intelligente peut vous faire économiser beaucoup d'argent :

- **Utilisez les sites de comparaison de prix**:Des sites Web comme Skyscanner et Google Flights vous aident à trouver les meilleurs prix parmi les compagnies aériennes. Soyez flexible sur les dates pour découvrir les options les moins chères.

- **Pensez aux compagnies aériennes low cost:** L'Europe compte plusieurs compagnies aériennes low cost (comme EasyJet et Ryanair) qui proposent des vols abordables entre les grandes villes. Gardez simplement à l'esprit que ces compagnies aériennes peuvent facturer des bagages supplémentaires ou le choix des sièges.
- **Optez pour des vols de nuit ou en milieu de semaine:** Voyager en dehors des heures de pointe, comme en semaine ou lors de vols de nuit, peut entraîner des tarifs plus bas.

**Maximiser les économies sur les transports locaux et régionaux**

VOYAGER EN EUROPE EN bus ou en train est souvent rentable :

- **Pass ferroviaires:** Si vous prévoyez de visiter plusieurs pays, un pass Eurail ou Interrail peut s'avérer une bonne affaire. Ces pass offrent une grande flexibilité et vous permettent de monter et de descendre des trains dans toute l'Europe.
- **Voyages en bus:** Pour les voyageurs soucieux de leur budget, les bus comme FlixBus et BlaBlaCar sont des moyens peu coûteux de se déplacer entre les villes, en particulier pour les courtes distances.
- **Transports en commun:** Utilisez les bus locaux, le métro et les tramways pour vous déplacer dans les villes. De nombreuses villes proposent des pass journaliers ou des tickets de plusieurs jours à tarif réduit.

## 6.3 Trouver un logement abordable

L'HÉBERGEMENT EST UNE autre dépense importante, mais il existe des options adaptées à tous les budgets, des auberges aux locations de vacances.

## Choisir des options économiques

IL EXISTE PLUSIEURS types de logements abordables en Europe :

- **Auberges de jeunesse**: Ces auberges sont idéales pour les voyageurs solitaires, car elles proposent à la fois des dortoirs et des chambres privées. De nombreuses auberges disposent de cuisines communes, d'activités sociales et de visites guidées qui vous permettent d'économiser de l'argent tout en rencontrant d'autres voyageurs.
- **Maisons d'hôtes et chambres d'hôtes**: Ces petits établissements familiaux sont souvent plus abordables que les hôtels et offrent une expérience locale.
- **Locations à court terme**: Des plateformes comme Airbnb ou Booking.com peuvent proposer des séjours uniques à des prix compétitifs, surtout si vous restez quelques jours ou plus.

## Utilisation des points et des remises d'adhésion

SI VOUS VOYAGEZ FRÉQUEMMENT, rejoignez des programmes de fidélité ou utilisez des points de carte de crédit pour faire des économies :

- **Programmes de fidélité hôteliers**: Les grandes chaînes hôtelières offrent des points à chaque séjour pouvant donner lieu à des réductions ou à des nuits gratuites.
- **Points de carte de crédit**: Si vous possédez une carte de crédit de voyage, utilisez des points ou des récompenses pour des vols, des hôtels ou des voitures de location.
- **Réductions pour étudiants, seniors ou membres**: Certaines auberges, circuits et services de transport offrent des réductions aux étudiants, aux personnes âgées ou aux

membres d'organisations comme Hostelling International ou AAA.

## 6.4 Gérer les dépenses quotidiennes en fonction d'un budget

UNE FOIS SUR LA ROUTE, il est essentiel de maîtriser ses dépenses quotidiennes pour respecter son budget. Voici quelques conseils pour gérer ses dépenses sans sacrifier ses expériences.

### Manger à moindre coût sans se priver

LA GASTRONOMIE EST un point fort des voyages en Europe, et vous pouvez profiter des saveurs locales sans vous ruiner :

- **Mangez comme un local**:Au lieu de dîner dans des restaurants situés dans des zones très touristiques, explorez les quartiers locaux où les prix sont souvent plus bas et la nourriture est authentique.
- **Visitez les marchés et les épiceries**:Les marchés et épiceries locaux proposent des produits frais, des fromages et du pain que vous pouvez utiliser pour préparer vos propres repas. De nombreux marchés proposent également des plats cuisinés à prix abordables.
- **Profitez des offres spéciales du déjeuner**:De nombreux restaurants en Europe proposent des menus déjeuner à prix réduit, vous permettant d'obtenir un repas complet pour moins cher que ce que vous paieriez au dîner.

### Suivi des dépenses en déplacement

LE SUIVI QUOTIDIEN de vos dépenses vous aide à respecter votre budget :

- **Utiliser des applications de budgétisation**: Des applications comme Trail Wallet, TravelSpend ou même une simple note sur votre téléphone peuvent vous aider à surveiller vos dépenses.
- **Fixez une limite de dépenses quotidiennes**: Divisez votre budget total par le nombre de jours pendant lesquels vous voyagerez pour créer un plafond de dépenses quotidiennes, en laissant un peu d'argent supplémentaire pour les folies imprévues.
- **Payer avec la monnaie locale**: Lorsque vous utilisez une carte de crédit, choisissez toujours de payer dans la monnaie locale pour éviter les taux de change défavorables.

## 6.5 Gestion des frais de change et des frais bancaires

LA GESTION DES DEVISES étrangères et la compréhension des frais bancaires sont essentielles pour tout voyageur international. Voici comment gérer efficacement les questions d'argent.

**Utiliser les bonnes méthodes de paiement**

L'UTILISATION DE CARTES de crédit et de débit à l'étranger est généralement sûre et pratique, mais il est important de prévoir les frais :

- **Obtenez un compte bancaire adapté aux voyages**:De nombreuses banques proposent des comptes qui renoncent aux frais de transaction à l'étranger, ce qui les rend idéaux pour les voyages internationaux.

- **Utilisez les distributeurs automatiques locaux pour retirer de l'argent:** Si vous avez besoin d'argent liquide, évitez les bureaux de change dans les aéroports ou les zones touristiques, car ils facturent souvent des frais élevés. Effectuez vos retraits dans un distributeur automatique local pour bénéficier de meilleurs taux.
- **Emportez une carte de secours:** Ayez toujours une deuxième carte ou un deuxième moyen de paiement en cas de perte, de vol ou de problèmes de guichet automatique.

### Se protéger contre la fraude

LORSQUE VOUS UTILISEZ des cartes de crédit et des distributeurs automatiques de billets, soyez vigilant pour éviter les fraudes :

- **Informez votre banque:** Informez votre banque de vos projets de voyage pour éviter que votre carte ne soit bloquée en raison d'une activité suspecte.
- **Utilisez les distributeurs automatiques de billets dans des endroits sécurisés:** Optez pour des distributeurs automatiques situés dans des banques ou dans des zones bien éclairées et fréquentées pour réduire le risque de vol de carte.
- **Vérifiez les frais de carte**: Vérifiez régulièrement vos transactions pour détecter rapidement d'éventuels frais suspects.

## 6.6 Prévoir un budget pour les imprévus

LES VOYAGES PEUVENT réserver leur lot de surprises, et mettre de côté un fonds d'urgence vous permet d'être préparé à tout, des vols manqués aux excursions spontanées.

**Constitution d'un fonds de prévoyance pour les voyages**

UN FONDS D'URGENCE vous offre une tranquillité d'esprit en cas de dépenses imprévues :

- **Mettez de côté de l'argent supplémentaire**:Réservez une partie de votre budget spécifiquement pour les coûts imprévus, comme le transport supplémentaire, les nuits supplémentaires dans l'hébergement ou les activités imprévues.
- **Utilisez un plan d'assurance voyage**:Une assurance voyage peut vous éviter des dépenses importantes en cas d'urgence médicale, d'annulation de voyage ou de perte de bagages.

**Se préparer aux coûts supplémentaires**

AU-DELÀ DES URGENCES, tenez compte de ces dépenses souvent négligées :

- **Pourboire**:Les coutumes en matière de pourboires varient selon les pays européens. Dans de nombreux pays, un petit pourboire est apprécié mais pas obligatoire, tandis que dans d'autres, comme en Espagne, le service est inclus.
- **Souvenirs et achats**:Prévoyez à l'avance vos souvenirs ou vos cadeaux. Fixez-vous un petit budget pour éviter de dépenser trop d'argent sur des achats impulsifs.
- **Taxes et frais de départ**:Certains aéroports et villes exigent une taxe de départ. Renseignez-vous à l'avance sur ces frais pour les inclure dans votre budget.

Voyager seul en Europe avec un budget limité est tout à fait possible avec une bonne planification et un peu de flexibilité. Une fois vos finances en ordre, vous serez libre de profiter des expériences qui comptent le plus, qu'il s'agisse de savourer un délicieux repas, d'explorer un site antique ou de trouver le souvenir parfait pour vous rappeler de votre aventure. En élaborant un budget réfléchi et en dépensant intelligemment, vous pouvez explorer l'Europe en toute confiance, avec la liberté financière nécessaire pour profiter au maximum de chaque instant.

# Chapitre 7 : Embrasser le voyage : joies et défis du voyage en solo

Voyager seul est un incroyable voyage d'indépendance, de croissance personnelle et d'aventure. Il offre un sentiment de liberté inégalé, mais présente également des défis qui peuvent mettre votre résilience à l'épreuve. Ce chapitre explorera certains obstacles courants du voyage en solo et des stratégies pratiques pour les surmonter. Accepter à la fois les hauts et les bas du voyage en solo peut vous aider à grandir, à découvrir de nouvelles forces et à vous laisser des souvenirs qui dureront toute une vie.

## 7.1 Faire face à la solitude et trouver l'épanouissement

L'UN DES DÉFIS LES plus courants des voyages en solo est le sentiment de solitude, surtout dans un environnement inconnu. Mais voyager en solo peut aussi être le cadre idéal pour l'introspection, la découverte de soi et l'épanouissement personnel.

**Naviguer dans les moments de solitude**

VOYAGER SEUL SIGNIFIE que vous pouvez parfois manquer des visages familiers ou avoir envie de compagnie. Voici quelques moyens de faire face à ces moments :

- **Restez connecté avec vos proches**:Restez en contact avec votre famille et vos amis par messagerie, appels vidéo ou même cartes postales. Partager des parties de votre voyage peut atténuer le sentiment d'isolement.
- **Notez vos pensées dans un journal**:Écrire sur vos expériences, vos pensées et vos émotions peut être un excellent moyen de vous exprimer. La tenue d'un journal vous aide non seulement à gérer vos sentiments, mais crée également une trace de votre parcours sur laquelle vous pouvez revenir ultérieurement.
- **Saisissez l'opportunité de la solitude**:Au lieu d'éviter de passer du temps seul, apprenez à l'apprécier. Voyager seul offre une occasion unique de réfléchir sur soi-même et vous aide à vous sentir à l'aise en votre propre compagnie.

**Trouver l'épanouissement dans l'expérience**

VOYAGER SEUL OFFRE de nombreuses façons de cultiver un profond sentiment d'accomplissement et de détermination :

- **Fixez-vous des objectifs personnels pour le voyage**:Qu'il s'agisse d'apprendre quelques phrases dans une nouvelle langue, d'essayer un plat particulier ou de vous pousser à explorer une destination difficile, fixez-vous des objectifs pour vous concentrer sur la croissance personnelle et célébrez les réalisations en cours de route.
- **Devenez bénévole ou participez à des initiatives locales**:De nombreux voyageurs trouvent leur bonheur grâce au bénévolat, comme aider dans un refuge local pour animaux ou participer à un nettoyage de plage. S'engager dans des initiatives locales vous permet de redonner aux lieux que vous visitez et de nouer des liens significatifs avec les habitants.

- **Pratiquez la gratitude au quotidien:**Consacrez quelques minutes chaque jour à réfléchir à ce pour quoi vous êtes reconnaissant. Apprécier le privilège de voyager et les belles expériences que vous vivez en chemin peut améliorer votre voyage en solo.

## 7.2 Gérer les différences culturelles et les barrières linguistiques

VOYAGER SEUL DANS UN pays étranger implique souvent de s'adapter à de nouvelles coutumes et de surmonter les barrières linguistiques. Apprendre à surmonter ces défis renforce la confiance et enrichit votre expérience.

**Gérer les barrières linguistiques**

APPRENDRE NE SERAIT-ce que quelques mots ou phrases dans la langue locale peut faire toute la différence :

- **Apprenez les phrases clés avant de partir:**Des phrases simples comme « bonjour », « merci » et « aidez-moi s'il vous plaît » peuvent vous aider à établir des liens avec les locaux. Utilisez des applications linguistiques comme Duolingo ou Babbel pour vous entraîner avant votre voyage.
- **Utiliser des applications de traduction:**Des applications comme Google Traduction facilitent la communication. De nombreuses applications de traduction vous permettent également de télécharger des langues pour une utilisation hors ligne, ce qui peut s'avérer très utile dans les régions éloignées.
- **Comptez sur la communication non verbale:**Des gestes simples, des expressions faciales et un langage corporel peuvent aider à combler les lacunes linguistiques. Sourire,

montrer du doigt et faire des gestes polis témoignent de la gentillesse et peuvent briser les barrières linguistiques.

**S'adapter aux différences culturelles**

LES DIFFÉRENTES CULTURES ont des coutumes et des attentes uniques, et s'adapter à ces différences témoigne du respect et vous aide à vous sentir plus à l'aise :

- **Rechercher l'étiquette locale**: Familiarisez-vous avec les coutumes locales, notamment en ce qui concerne la tenue vestimentaire, les manières à table et les salutations. Par exemple, dans certaines régions d'Europe, il est d'usage de saluer par un baiser sur les deux joues, tandis que dans d'autres, une poignée de main est préférable.
- **Observer et s'adapter**: Observez le comportement des habitants dans différents contextes, que ce soit dans un café, dans les transports en commun ou sur un site historique. Observer et imiter le comportement local vous aide à vous intégrer et à faire preuve de respect envers la culture.
- **Soyez ouvert d'esprit et sans jugement**: Acceptez les différences culturelles avec curiosité plutôt qu'avec jugement. Voyager seul vous permet de découvrir de nouveaux modes de vie, et aborder ces différences avec respect rend l'expérience plus enrichissante.

## 7.3 Rester motivé et positif lors de longs voyages

LES LONGS VOYAGES OU séjours prolongés à l'étranger peuvent parfois conduire à l'épuisement professionnel ou à la fatigue du voyage. Savoir rester motivé et trouver l'équilibre est essentiel pour tirer le meilleur parti de son voyage.

**Équilibrer l'exploration et le repos**

LE MOUVEMENT CONSTANT peut être épuisant, même pour les voyageurs les plus enthousiastes. L'équilibre est essentiel pour rester énergique :

- **Prenez des jours de repos**: Prévoyez des « jours de repos » pour vous détendre, rattraper votre sommeil ou simplement profiter d'une journée tranquille sans agenda. Profitez de ce temps pour vous ressourcer et être prêt pour de nouvelles explorations.
- **Créer un itinéraire flexible**:Bien qu'il soit tentant de voir autant de choses que possible, prévoyez de la flexibilité dans votre itinéraire. Prévoyez du temps pour flâner, vous détendre

ou changer de plan sans vous sentir pressé.

- **Pratiquer la pleine conscience**:Qu'il s'agisse de méditation, de respiration profonde ou simplement de faire une pause pour apprécier un moment, les pratiques de pleine conscience vous aident à rester présent et positif pendant votre voyage.

**Retrouver l'enthousiasme quand la motivation faiblit**

LA FATIGUE DU VOYAGE ou le mal du pays peuvent parfois atténuer votre enthousiasme. Voici comment raviver l'enthousiasme :

- **Redécouvrez votre « pourquoi »**:Rappelez-vous pourquoi vous avez voulu voyager en premier lieu. Réfléchissez aux objectifs personnels ou aux rêves qui vous ont poussé à vous lancer dans cette aventure.
- **Changez votre routine**:Si vous avez visité des musées et des monuments, essayez quelque chose de différent : suivez un cours de cuisine, partez en randonnée ou passez une journée au bord de la mer. Changer vos activités peut vous aider à changer de perspective.
- **Connectez-vous avec de nouvelles personnes**:Rencontrer d'autres voyageurs ou des locaux apporte souvent une énergie nouvelle et des perspectives nouvelles. Une conversation amicale, un repas partagé ou une aventure impromptue peuvent raviver votre passion pour le voyage.

## 7.4 Accepter l'incertitude et s'adapter aux défis

VOYAGER SEUL EST UNE aventure pleine de surprises, certaines agréables, d'autres difficiles. Apprendre à accepter l'inconnu et à s'adapter aux situations inattendues est une compétence précieuse qui va au-delà du voyage.

### S'attendre à l'inattendu

LA FLEXIBILITÉ EST essentielle lorsque vous êtes seul :

- **Abandonnez la perfection**:Les choses ne se déroulent pas toujours comme prévu. La météo, les retards de transport ou les changements d'hébergement peuvent nécessiter de la flexibilité. Accepter les imperfections aide à réduire le stress.
- **Profitez des moments heureux**:Certaines des expériences de voyage les plus mémorables se produisent de manière inattendue. Qu'il s'agisse de tomber sur un café caché, de rencontrer un nouvel ami ou de découvrir un festival, ces surprises créent souvent les meilleurs souvenirs.
- **Soyez ouvert aux changements de plans**: Voyager seul vous donne la liberté d'adapter vos plans sans avoir à vous soucier de quelqu'un d'autre. Si une nouvelle opportunité se présente, pensez à dire « oui » et voyez où cela vous mène.

### Apprendre des défis

FAIRE FACE AUX DÉFIS seul peut être enrichissant :

- **Considérez les obstacles comme des opportunités d'apprentissage**:Les voyages peuvent être semés d'embûches, comme des correspondances manquées, des confusions linguistiques ou des malentendus culturels. Considérez ces obstacles comme des opportunités de grandir et de renforcer votre résilience.
- **Célébrer les compétences en résolution de problèmes**:Voyager seul nécessite une capacité de réflexion et d'adaptation rapide, ce qui peut renforcer votre confiance en vous. Chaque défi que vous surmontez renforce votre capacité

à gérer les difficultés futures.

- **Réfléchissez à vos points forts**: Prenez un moment pour apprécier le courage qu'il faut pour voyager seul. Reconnaître vos forces et vos capacités peut vous donner du pouvoir et vous aider à affronter les défis futurs avec confiance.

## 7.5 La joie de la découverte de soi et de la croissance personnelle

VOYAGER SEUL EST UN voyage de découverte de soi. Accepter la liberté, l'indépendance et la croissance qui accompagnent le fait de voyager seul peut être l'un des aspects les plus enrichissants de l'expérience.

**Trouver la confiance dans l'indépendance**

VOYAGER SEUL VOUS APPREND à compter sur vous-même et à faire confiance à vos capacités :

- **Célébrez votre indépendance**:Chaque décision que vous prenez, du choix de votre prochaine destination à votre découverte d'une nouvelle ville, renforce votre indépendance. Savourez la liberté de faire les choses à votre façon.
- **Faites confiance à votre instinct**: Voyager seul est une excellente occasion d'écouter votre voix intérieure et de faire confiance à votre instinct. Qu'il s'agisse de choisir un restaurant, d'explorer une rue secondaire ou de déménager dans une nouvelle ville, faites-vous confiance pour prendre les

décisions qui vous conviennent.

- **Appréciez la liberté d'explorer**: Voyager seul vous permet de définir votre propre rythme, de suivre vos intérêts et de découvrir de nouvelles passions. Profitez du luxe d'explorer sans compromis.

**Tirer les leçons du voyage en solo**

VOYAGER SEUL NE SE résume pas seulement aux endroits que vous voyez, mais aussi à la personne que vous devenez en cours de route :

- **Réfléchissez à votre parcours**: Prenez le temps de réfléchir à la façon dont le voyage vous a changé. Tenir un journal ou partager des histoires avec vos proches vous aide à apprécier l'évolution que vous avez vécue.
- **Apportez les leçons à la maison**:La résilience, la flexibilité et l'indépendance que vous développez sur la route peuvent vous être bénéfiques bien après la fin du voyage. Appliquez ces leçons à votre vie quotidienne, sachant que vous avez grandi à travers chaque expérience.
- **Chérissez vos réalisations**:Voyager seul demande du courage, de sortir de sa zone de confort à explorer des lieux inconnus. Célébrez chaque instant, chaque réussite et chaque leçon apprise en cours de route.

## 7.6 Continuer l'aventure après la fin du voyage

LORSQUE VOTRE VOYAGE touche à sa fin, les souvenirs et la croissance personnelle que vous avez accumulés continuent. Voici comment garder vivant l'esprit du voyage en solo une fois de retour à la maison.

**Rester en contact avec de nouveaux amis**

SI VOUS AVEZ NOUÉ DES relations lors de vos voyages, restez en contact :

- **Rester en contact**: Envoyez des messages, partagez des photos ou planifiez même de futurs voyages avec des amis que vous avez rencontrés en chemin. De nombreux voyageurs solitaires se font des amis pour la vie au cours de leurs voyages.
- **Rejoignez les communautés de voyage**:Connectez-vous à des communautés de voyage en ligne où vous pouvez partager des histoires, trouver de l'inspiration et rester en contact avec des aventuriers partageant les mêmes idées.

**Réflexion sur votre parcours solo**

LE RETOUR À LA MAISON offre l'occasion de réfléchir à l'impact du voyage en solo :

- **Documentez vos expériences**:Envisagez de créer un album photo, un album photo ou un blog de voyage pour garder vos souvenirs vivants.
- **Partagez votre histoire**: Partagez vos aventures et vos idées avec vos amis ou votre famille. Votre histoire peut inspirer d'autres personnes à se lancer dans leur propre voyage.

Voyager seul est un chemin vers la découverte de soi, la résilience et l'indépendance. Profitez de chaque instant, savourez chaque leçon et sachez que les expériences que vous avez vécues resteront gravées dans votre mémoire toute votre vie. L'Europe vous attend et, grâce à ce guide, vous êtes bien préparé pour rendre votre voyage inoubliable. Profitez de chaque étape de cette grande aventure : votre histoire ne fait que commencer.

# Chapitre 8 : Faire du voyage en solo une aventure qui dure toute la vie

Félicitations ! Vous avez accompli un incroyable voyage en solo à travers l'Europe et acquis d'innombrables nouvelles compétences, expériences et souvenirs. Mais cette aventure ne doit pas nécessairement être la fin. En fait, votre premier voyage en solo peut marquer le début d'une passion pour l'exploration qui durera toute une vie. Dans ce dernier chapitre, nous verrons comment entretenir votre amour pour les voyages en solo, planifier de futures aventures et faire du voyage une partie continue et enrichissante de votre vie.

## 8.1 Réfléchir à votre parcours et découvrir de nouveaux objectifs

APRÈS TOUTE AVENTURE, il est bon de prendre le temps de regarder en arrière, de réfléchir à vos expériences et de réfléchir à ce que vous avez appris. Réfléchir vous aide non seulement à apprécier votre voyage, mais vous donne également un aperçu de ce que vous attendez de vos futures expériences de voyage.

### Réfléchir à la croissance personnelle et aux réalisations

LES DÉFIS AUXQUELS vous avez été confrontés et les récompenses dont vous avez bénéficié pendant votre voyage en solo ont contribué à votre croissance personnelle. Voici comment gérer et célébrer votre voyage :

- **Révisez votre journal ou vos photos**:Revoyez tous les journaux, photos ou souvenirs de votre voyage. Réfléchissez à chaque instant, des petites joies aux plus grandes avancées.
- **Notez les leçons apprises**: Notez les leçons, les nouvelles compétences ou les réalisations surprenantes que vous avez acquises. Le fait de voyager seul vous a-t-il rendu plus confiant, adaptable ou résilient ?
- **Célébrez votre indépendance**:Voyager seul est une grande réussite ! Prenez le temps de reconnaître et de célébrer l'indépendance et le courage dont vous avez fait preuve.

**Fixez-vous de nouveaux objectifs de voyage**

MAINTENANT QUE VOUS avez terminé un voyage, pensez à ce qui va suivre :

- **Explorez une nouvelle destination**:Il existe peut-être une autre région ou un autre continent que vous avez toujours voulu explorer. Utilisez votre premier voyage comme point de départ pour vous aventurer plus loin.
- **Relevez le défi avec une expérience unique**:Envisagez d'ajouter une touche personnelle à vos futurs voyages, comme une randonnée dans les parcs nationaux, une retraite bien-être ou un atelier créatif dans une ville étrangère.
- **Planifiez un objectif de voyage à long terme**:Si voyager en solo est devenu une passion, commencez à planifier des aventures plus longues ou envisagez un objectif comme visiter toutes les capitales européennes ou explorer chaque continent.

## 8.2 Maintenir l'état d'esprit du voyage à la maison

LES LEÇONS, LES HABITUDES et les perspectives acquises au cours d'un voyage en solo ne doivent pas nécessairement s'arrêter une fois de retour à la maison. Adopter l'état d'esprit du voyageur au quotidien permet de garder l'aventure vivante et d'enrichir vos expériences quotidiennes.

**Restez curieux et aventureux dans la vie quotidienne**

TOUT COMME VOUS AVEZ exploré des lieux inconnus et essayé de nouvelles choses à l'étranger, vous pouvez garder cet esprit vivant chez vous :

- **Explorez votre région**:Recherchez des endroits dans votre ville ou région que vous n'avez pas encore visités, comme des musées, des sentiers ou des trésors cachés. Explorer avec l'esprit d'un voyageur peut apporter un sentiment d'aventure dans un environnement familier.
- **Essayez de nouveaux passe-temps ou centres d'intérêt**:Acceptez l'idée d'apprendre quelque chose de nouveau, comme vous l'avez fait à l'étranger. Essayez un cours de cuisine, apprenez une langue ou pratiquez une activité de plein air que vous avez appréciée en voyage.
- **Soyez ouvert à la rencontre de nouvelles personnes**:Les voyages en solo vous aident à nouer des liens avec des personnes d'horizons divers. Poursuivez cette ouverture d'esprit en participant à des événements locaux ou en rejoignant des groupes où vous pourrez rencontrer d'autres personnes qui partagent vos intérêts.

## Continuez à pratiquer la gratitude et la pleine conscience

LA GRATITUDE ET LA pleine conscience peuvent vous aider à apprécier les petites joies de la vie quotidienne :

- **Tenez un journal de gratitude**: Réfléchissez chaque jour aux choses pour lesquelles vous êtes reconnaissant, comme vous l'avez fait pendant vos voyages. Cette pratique peut vous aider à trouver de la joie dans les moments ordinaires et à garder les pieds sur terre.
- **Adoptez la pleine conscience**: Entraînez-vous à être présent et à profiter de chaque instant, comme vous le faisiez lorsque vous vous immergiez dans un nouvel environnement. La pleine conscience vous aide à maintenir un sentiment de paix et d'émerveillement dans la vie quotidienne.

## 8.3 Élargissez votre réseau de voyage en solo

VOYAGER SEUL EST UN voyage indépendant, mais cela ne signifie pas que vous êtes seul dans vos expériences. De nombreux voyageurs solitaires à travers le monde partagent une passion similaire, et se connecter avec eux peut vous inspirer et élargir votre perspective.

**Rejoignez les communautés de voyageurs en solo**

ENTRER EN CONTACT AVEC d'autres voyageurs solitaires est un excellent moyen de partager des histoires, d'obtenir des conseils et de trouver de l'inspiration :

- **Communautés de voyage en ligne**:Des plateformes comme Reddit, Solo Traveler World et divers groupes Facebook proposent des forums où les voyageurs solitaires partagent leurs expériences, leurs conseils et leurs encouragements.
- **Groupes de rencontre**:Recherchez des groupes Meetup locaux pour les voyageurs solitaires, les aventuriers ou ceux qui aiment explorer. Ces groupes organisent souvent des événements, des excursions d'une journée ou même des aventures internationales.
- **Participer à des événements de voyage ou à des conférences**:De nombreuses villes organisent des salons de voyage ou des conférences où vous pourrez rencontrer d'autres voyageurs, écouter des conférenciers inspirants et découvrir de nouvelles destinations.

**Restez en contact avec les amis que vous vous êtes faits à l'étranger**

LES PERSONNES QUE VOUS rencontrez en voyage partagent souvent votre esprit aventureux :

- **Restez en contact en ligne**:Que ce soit via les réseaux sociaux, les e-mails ou les applications de messagerie, restez en contact avec les amis que vous vous êtes faits sur la route. Échanger des histoires de voyage ou planifier de futures rencontres permet de maintenir le lien.
- **Organiser un voyage de retrouvailles**:Si vous avez rencontré d'autres voyageurs au cours de votre voyage, pensez à organiser des retrouvailles dans une nouvelle ville ou un nouveau pays. Se retrouver pour une aventure commune est une excellente façon de raviver les amitiés.

## 8.4 Préparez votre prochain voyage en solo

VOTRE PREMIER VOYAGE en solo vous a permis d'acquérir des compétences et des connaissances précieuses qui facilitent la planification de votre prochaine aventure. Voici quelques conseils pour simplifier le processus et créer une expérience encore meilleure pour vos futurs voyages.

### Affinez votre routine d'emballage et de planification

CHAQUE VOYAGE NOUS apprend de nouvelles astuces pour préparer et emballer nos affaires. Voici comment rendre l'emballage et la planification plus efficaces :

- **Créer une liste de colisage principale**:En vous basant sur votre dernier voyage, dressez une liste des essentiels, des choses qui vous ont manqué et des articles dont vous auriez pu vous passer. Cette liste peut servir de modèle pour vos futurs voyages.
- **Optimisez votre planification grâce aux applications de voyage**:Utilisez des applications comme Google Trips, Rome2Rio ou TripIt pour organiser votre itinéraire et vos informations de voyage. Le fait de tout regrouper au même endroit facilite la planification.
- **Essayez de nouveaux équipements de voyage**:Si vous avez des équipements ou du matériel que vous auriez aimé avoir (comme un meilleur sac de voyage ou un filtre à eau compact), pensez à y investir pour votre prochaine aventure.

## Expérimentez différents styles de voyage

VOTRE PREMIER VOYAGE vous a peut-être donné une idée des styles de voyage que vous préférez, mais il vaut la peine d'explorer d'autres options :

- **Pensez au Slow Travel**:Au lieu de vous déplacer de ville en ville, essayez de rester au même endroit pendant une période plus longue pour vous immerger profondément dans la culture locale.
- **Essayez différents hébergements**:Si vous avez séjourné dans des auberges de jeunesse, essayez peut-être des locations de vacances ou des maisons d'hôtes. En testant différents hébergements, vous pourrez trouver celui qui correspond le mieux à vos préférences de voyage.
- **Aventurez-vous dans de nouvelles régions**:Si vous avez exploré l'Europe, pourquoi ne pas essayer l'Asie, l'Amérique du Sud ou l'Afrique ? Chaque région offre des cultures, des paysages et des expériences uniques qui peuvent ajouter de nouvelles dimensions à votre perspective de voyage.

## 8.5 Rendre les voyages en solo durables et utiles

À MESURE QUE VOUS MULTIPLIEZ vos voyages, réfléchissez à la manière de rendre vos aventures non seulement agréables, mais aussi responsables. Voyager de manière durable et avec un objectif enrichit à la fois votre expérience et le monde qui vous entoure.

### Pratiquer un tourisme responsable

VOYAGER DE MANIÈRE responsable, c'est être conscient de son impact sur l'environnement et les communautés locales :

- **Soutenir les entreprises locales**:Faites vos achats sur les marchés locaux, mangez dans des restaurants familiaux et réservez des visites guidées avec des guides locaux. Cela vous permet de soutenir l'économie locale et de découvrir une culture authentique.

- **Minimiser les déchets et préserver les ressources**: Emportez une bouteille d'eau réutilisable, refusez les sacs en plastique et faites attention à votre consommation d'énergie. De petits changements peuvent faire une différence significative dans la réduction de votre impact environnemental.
- **Respecter les coutumes et traditions locales**:Être sensible aux différences culturelles permet de préserver l'authenticité des lieux que vous visitez. Familiarisez-vous avec les coutumes locales, habillez-vous de manière appropriée et demandez toujours la permission avant de prendre des photos de personnes ou d'espaces privés.

**Envisagez de faire du bénévolat ou de faire un voyage enrichissant**

CERTAINS VOYAGEURS solitaires trouvent un but dans leur vie en faisant du bénévolat ou en s'engageant dans des projets qui contribuent aux communautés qu'ils visitent :

- **Possibilités de bénévolat**:Des plateformes comme Workaway, WWOOF et GoAbroad connectent les voyageurs avec des communautés locales et des projets dans le monde entier, de l'enseignement de l'anglais à la conservation de l'environnement.
- **Participer à des programmes d'échanges culturels**:Les programmes tels que les échanges linguistiques, les séjours chez l'habitant ou les séjours à la ferme offrent des expériences immersives où vous contribuez à une communauté tout en acquérant une compréhension plus approfondie de la culture.

- **Documentez votre voyage avec un objectif précis**:Partager vos expériences de voyage via un blog, un vlog ou les réseaux sociaux peut inspirer les autres et créer une plateforme de promotion des voyages responsables.

## 8.6 Inspirer les autres à se lancer dans leur propre voyage

L'UNE DES FAÇONS LES plus enrichissantes de poursuivre votre voyage est de le partager avec d'autres. Votre expérience de voyage en solo vous a donné des idées, de la confiance et des histoires qui peuvent inspirer vos amis, votre famille et même des inconnus à sortir de leur zone de confort.

**Partagez votre histoire**

INSPIREZ LES AUTRES en partageant votre parcours d'une manière qui vous semble authentique :

- **Blog ou médias sociaux**:Documenter vos voyages en ligne vous permet de partager des idées, des conseils et des histoires précieuses qui peuvent inspirer d'autres personnes à voyager seul.
- **Créer un guide de voyage**:Vous pouvez compiler une liste de vos lieux préférés, de vos activités ou de vos conseils tirés de votre expérience pour aider les autres à planifier un voyage similaire.
- **Offrir des conseils aux voyageurs en herbe**: Partagez des conseils avec vos amis, votre famille ou des communautés en ligne. Faites-leur connaître les avantages de voyager en solo et comment ils peuvent surmonter leurs propres peurs ou incertitudes.

**Encouragez vos amis à essayer de voyager en solo**

VOYAGER SEUL N'EST pas pour tout le monde, mais certaines personnes peuvent avoir besoin d'un peu d'encouragement pour l'essayer :

- **Planifiez un voyage de groupe avec Solo Days**:Si vos amis hésitent à voyager seuls, planifiez un voyage où chacun passe un jour ou deux à explorer individuellement. Cela donne un avant-goût du voyage en solo tout en bénéficiant du soutien du groupe.
- **Devenez un mentor**: Proposez votre aide à quelqu'un pour organiser son voyage en solo, de la recherche de billets d'avion à la réservation d'hébergement. En lui fournissant des conseils, vous rendez le voyage en solo plus accessible.

Voyager en solo vous a probablement changé d'une manière qui continuera à évoluer au fil du temps. Alors que vous vous dirigez vers l'avenir, n'oubliez pas que chaque voyage est unique et qu'il n'existe pas de « bonne » façon de voyager. Suivez votre curiosité, honorez votre sens de l'aventure et continuez d'explorer, que cela signifie vous aventurer sur un nouveau continent ou découvrir la beauté dans votre propre jardin. Votre voyage en solo ne fait que commencer et le monde regorge de possibilités infinies. Alors faites vos valises, fixez-vous de nouveaux objectifs et n'oubliez pas : l'aventure de votre vie vous attend, un voyage en solo à la fois. Bon voyage !

BUFFET
IWC

# Chapitre 9 : Construire un style de vie autour du voyage en solo

Voyager seul peut être bien plus qu'une aventure ponctuelle. Pour beaucoup, cela devient une passion de toute une vie qui s'intègre dans leur vie quotidienne. Que vous souhaitiez voyager sur le long terme, faire de courts voyages en solo entre vos engagements professionnels ou intégrer l'état d'esprit du voyageur dans votre routine, ce chapitre vous guidera pour trouver un équilibre entre votre amour du voyage en solo et votre carrière, vos relations et vos objectifs personnels. Voyons comment faire du voyage un choix de vie durable et épanouissant.

## 9.1 Créer un style de vie propice aux voyages

VIVRE UNE VIE QUI PERMET de voyager régulièrement, surtout en solo, nécessite un peu de planification et un état d'esprit flexible. Voici quelques façons d'organiser votre vie pour vous permettre de vivre davantage d'aventures en solo, quels que soient vos engagements personnels ou professionnels.

### Fixez-vous des objectifs de voyage intentionnels

DÉFINIR CE QUE VOUS attendez de vos futurs voyages peut vous aider à planifier en fonction de vos besoins et de votre style de vie :

- **Planifiez des voyages autour d'étapes importantes ou de pauses**: Recherchez des opportunités dans votre emploi du temps, comme des vacances, des week-ends prolongés ou des événements personnels marquants (comme des anniversaires). Planifier en fonction de ces dates rend le voyage plus durable et mémorable.

- **Créer un plan de voyage annuel**:Essayez de planifier un ou deux voyages en solo chaque année, en gardant à l'esprit le temps, le budget et la flexibilité dont vous disposez.
- **Alterner entre les trajets courts et longs**:Si une aventure d'un mois n'est pas envisageable chaque année, optez pour des escapades plus courtes entre les grands voyages pour garder l'excitation vivante.

### Aligner les voyages avec les opportunités de carrière

TROUVER DES MOYENS de voyager dans le cadre du travail peut rendre les aventures fréquentes plus pratiques :

- **Recherchez des options de travail à distance**:Si votre travail le permet, demandez des journées de télétravail ou passez même au télétravail complet. Cette configuration vous permet de voyager vers de nouveaux endroits sans prendre de congés prolongés.
- **Recherchez des postes basés sur les voyages**:Certains domaines, comme le conseil, l'enseignement ou le travail au sein d'organisations internationales, offrent des opportunités de déplacements fréquents. Ces postes peuvent vous permettre de découvrir le monde tout en progressant dans votre carrière.
- **Envisagez le travail indépendant ou les contrats à court terme**:Si votre emploi traditionnel vous empêche de voyager, le travail en freelance ou les contrats à court terme peuvent vous offrir une plus grande liberté. De nombreux freelances concilient travail et voyages en emmenant leurs projets sur la route.

## 9.2 Élaboration d'un plan financier pour les voyages fréquents

LES VOYAGES FRÉQUENTS peuvent coûter cher, mais avec une gestion budgétaire et une planification financière intelligentes, il est possible de faire du voyage en solo une partie intégrante de la vie sans se ruiner. Voici comment gérer vos finances pour réaliser vos rêves de voyage.

### Budget pour voyager toute l'année

CRÉER UN FONDS DÉDIÉ aux voyages peut vous aider à économiser régulièrement :

- **Automatisez les économies pour les voyages**: Créez un compte d'épargne séparé pour les voyages et automatisez les dépôts mensuels. Même les petites sommes s'accumulent au fil du temps, vous offrant un fonds stable pour vos futures aventures.
- **Donnez la priorité aux voyages dans votre budget**:Si voyager seul est une priorité, réévaluez les autres postes de dépenses (comme les repas au restaurant ou les services d'abonnement) et réorientez ces fonds vers votre budget de voyage.
- **Rechercher des destinations low cost**:Certaines régions, comme l'Asie du Sud-Est ou certaines régions d'Europe de l'Est, sont particulièrement adaptées aux voyageurs solitaires. L'équilibre entre les destinations à prix élevé et à bas prix rend les voyages fréquents plus abordables.

## Gagnez et utilisez des récompenses de voyage

LES PROGRAMMES DE FIDÉLITÉ et les récompenses de voyage rendent les voyages fréquents beaucoup plus abordables :

- **Utiliser des cartes de crédit de voyage**:De nombreuses cartes de crédit de voyage offrent des points de récompense, des remises en argent et des réductions sur les billets d'avion et les hôtels. Utilisez ces cartes pour vos achats quotidiens afin d'accumuler des points pour vos futurs voyages.
- **Inscrivez-vous aux programmes de fidélité des compagnies aériennes et des hôtels**: Inscrivez-vous aux programmes de fidélité des compagnies aériennes, des hôtels et même des covoiturages. Les points s'accumulent au fil du temps et peuvent souvent être échangés contre des voyages gratuits ou à prix réduit.
- **À la recherche d'offres et de promotions**:Abonnez-vous aux sites de promotions de voyages et suivez les compagnies aériennes et les hôtels sur les réseaux sociaux. De cette façon, vous êtes toujours au courant des promotions et des réductions dont vous pouvez profiter.

## 9.3 Équilibrer les voyages avec les relations et la famille

VOYAGER SEUL NE SIGNIFIE pas forcément sacrifier ses relations ou passer du temps de qualité avec ses proches. En fait, partager des histoires et inviter d'autres personnes à vous rejoindre de temps en temps peut améliorer votre voyage.

**Impliquez vos proches dans vos projets de voyage**

PARTAGER VOS OBJECTIFS de voyage avec votre famille et vos amis les aide à comprendre et à soutenir votre style de vie :

- **Communiquez vos objectifs de voyage:** Expliquez à vos proches pourquoi les voyages sont importants pour vous et ce que vous gagnez à partir d'aventures en solo. Cela ouvre des discussions sur la façon dont vous pouvez rester en contact et vous soutenir mutuellement pendant votre absence.

- **Planifiez des voyages de groupe ou des rencontres**: Invitez des amis ou des membres de votre famille à vous rejoindre pour une partie d'un voyage. Le fait de partager quelques expériences peut les aider à se sentir connectés à vos aventures et à comprendre par eux-mêmes pourquoi le voyage est si important pour vous.
- **Documentez et partagez votre parcours**:Partager régulièrement des photos, des histoires ou des blogs avec votre famille et vos amis les associe à votre voyage. Rester connecté permet de maintenir les liens même lorsque vous êtes loin de chez vous.

### Restez connecté pendant votre voyage

ENTRETENIR DES RELATIONS étroites sur la route est plus facile que jamais grâce à la technologie :

- **Planifier des appels et des conversations vidéo**:Prévoyez du temps pour prendre régulièrement contact avec vos proches. Planifier ces rendez-vous à l'avance permet de renforcer les relations et de rassurer la famille.
- **Partagez votre itinéraire**:Pour plus de sécurité et de tranquillité d'esprit, partagez votre itinéraire ou une carte de vos voyages avec des membres de votre famille de confiance.
- **Utiliser les applications de messagerie**:Des applications comme WhatsApp, Signal et Messenger facilitent l'envoi de mises à jour, de photos ou même de messages rapides tout au long de vos voyages.

## 9.4 Adopter des « micro-aventures » entre les grands voyages

LORSQUE LES VOYAGES prolongés ne sont pas possibles, vous pouvez entretenir votre esprit d'exploration en vous lançant dans de petites aventures près de chez vous. Ces « micro-aventures » apportent le frisson du voyage dans votre vie quotidienne.

### Explorez les trésors cachés locaux

VOTRE PROPRE RÉGION recèle peut-être un potentiel de voyage inexploité :

- **Rechercher des attractions locales**: Visitez une ville, une réserve naturelle ou un site historique à proximité que vous n'avez jamais exploré. Considérez-le comme n'importe quelle destination de voyage : apprenez son histoire, explorez ses quartiers et trouvez des endroits cachés.
- **Participez aux festivals et événements culturels locaux**:Participez à des festivals gastronomiques locaux, à des foires culturelles ou à des événements musicaux. Ces expériences peuvent vous donner un aperçu d'autres cultures chez vous.
- **Faites des excursions d'une journée ou des escapades de week-end**:Si vous habitez à proximité d'attractions naturelles, de plages ou de villes, prévoyez des escapades rapides. Une nuit ou deux loin de chez vous peuvent vous apporter le réconfort d'un voyage sans avoir besoin de congés prolongés.

### Restez curieux dans votre vie quotidienne

APPLIQUEZ LA CURIOSITÉ du voyage à votre vie quotidienne en explorant de nouvelles activités et routines :

- **Essayez de nouveaux passe-temps ou activités:** Suivez un cours de cuisine, essayez un nouvel exercice physique ou apprenez une nouvelle compétence. Voyager seul est une question de découverte de soi, et ces activités peuvent reproduire ce sentiment de nouveauté à la maison.
- **Connectez-vous avec des personnes de différentes cultures:** Rencontrez de nouvelles personnes grâce à des rencontres internationales, des échanges linguistiques ou des événements culturels. Ces relations peuvent élargir votre vision du monde et apporter un sentiment de diversité au quotidien.

## 9.5 Établir des objectifs de voyage à long terme

SI VOUS ENVISAGEZ DE voyager comme une aventure qui dure toute une vie, vous pouvez donner un sens à vos aventures en vous fixant quelques objectifs à long terme. Ces objectifs structurent votre voyage et donnent l'impression qu'il fait partie d'un voyage plus vaste.

**Créez une « bucket list » de voyage**

RÊVER GRAND ET ÉCRIRE vos aspirations de voyage peut vous motiver à continuer d'explorer :

- **Donnez la priorité aux destinations importantes**:Énumérez

les pays, les villes ou les sites spécifiques que vous avez toujours voulu visiter, qu'il s'agisse de faire de la randonnée en Patagonie, d'observer les aurores boréales ou d'explorer des ruines antiques en Grèce.
- **Ajouter des objectifs thématiques**:Certains voyageurs se concentrent sur des thèmes uniques, comme la visite de tous les parcs nationaux, la découverte des sites du patrimoine mondial de l'UNESCO ou l'exploration de lieux connus pour des cuisines ou des arts spécifiques.
- **Restez ouvert aux opportunités spontanées**: Gardez votre liste ouverte pour laisser de la place à des destinations ou des opportunités inattendues. Parfois, les aventures les plus mémorables sont celles qui ne sont pas planifiées.

**Envisagez des projets personnels basés sur les voyages**

AVOIR UN PROJET PERSONNEL lié à vos voyages peut approfondir votre expérience :

- **Projet de photographie ou de vidéographie**:Documentez vos voyages à travers un objectif spécifique, comme photographier l'architecture historique ou capturer la vie dans la rue.
- **Objectif d'apprentissage de la langue**:Lancez-vous le défi d'apprendre les bases d'une nouvelle langue pour chaque pays que vous visitez, ou devenez bilingue dans une langue au cours de plusieurs voyages.
- **Faire du bénévolat ou donner en retour**:Vous pouvez planifier des voyages annuels pour participer à des projets de bénévolat, comme la conservation, l'éducation ou le développement communautaire. Combiner voyage et dons peut ajouter un sens profond à vos aventures.

## 9.6 Vivre comme un voyageur à vie

QUE VOUS SOYEZ CHEZ vous ou à l'étranger, un état d'esprit de voyageur peut vous apporter joie, résilience et curiosité tout au long de votre vie. Voyager seul ne consiste pas seulement à explorer de nouveaux endroits ; il s'agit d'élargir vos horizons dans tous les sens du terme et de vivre comme un éternel explorateur.

### Cultiver « l'état d'esprit du voyageur »

APPLIQUER À LA VIE quotidienne les attitudes que vous avez développées lors de vos voyages en solo peut rendre même les moments ordinaires spéciaux :

- **Accepter le changement et les nouvelles expériences**: Les voyages vous apprennent à vous adapter rapidement, à rester curieux et à rechercher l'inconnu. Utilisez ces leçons pour aborder les défis et les nouvelles opportunités avec un esprit ouvert.
- **Pratiquez la flexibilité et la patience**: Voyager seul demande souvent de la souplesse et de la patience. Appliquer ces compétences aux situations du quotidien vous aide à rester calme et à vous adapter aux inévitables surprises de la vie.
- **Rechercher un apprentissage continu**: De la même manière que voyager permet de découvrir de nouveaux lieux et de nouvelles cultures, l'état d'esprit d'un voyageur est celui d'un apprentissage permanent. Lisez des livres, suivez des cours et restez curieux du monde.

**Inspirez les autres à voyager**

PARTAGER VOS EXPÉRIENCES et encourager les autres à sortir de leur zone de confort peut vous permettre de partager les joies du voyage en solo :

- **Soyez une ressource**: Offrez des conseils, partagez des itinéraires et encouragez vos amis et votre famille à essayer de voyager en solo. Vous pourriez inspirer quelqu'un à faire ce premier pas vers un voyage inoubliable.
- **Documentez vos voyages**:Envisagez de créer un blog, un compte sur les réseaux sociaux ou même un livre pour partager vos expériences de voyage en solo. Vos histoires peuvent inspirer et donner aux autres les moyens d'explorer le monde.
- **Créer une communauté**: Organisez des événements, des rencontres ou des groupes de voyage dans votre région pour vous connecter avec d'autres voyageurs. Construire une communauté de personnes partageant les mêmes idées peut apporter un sentiment de connexion et d'appartenance.

En terminant ce chapitre, n'oubliez pas que le voyage est autant une question de chemin parcouru que de destination. Faire du voyage en solo une partie intégrante de votre vie, c'est accepter la croissance, la joie et la curiosité, où que vous soyez. Je vous souhaite de continuer à explorer, à découvrir et à partager vos aventures avec le monde. Bon voyage, camarade aventurier, votre voyage ne fait que commencer !

Ceci conclut le guide pour adopter et intégrer le voyage en solo comme mode de vie. Vous disposez désormais des outils et de l'inspiration nécessaires pour garder vivant l'esprit du voyage en solo, peu importe où la vie vous mène. Profitez du voyage !

www.ingramcontent.com/pod-product-compliance
Lightning Source LLC
LaVergne TN
LVHW050600160826
845677LV00011B/2389
* 9 7 9 8 2 3 0 6 0 8 8 6 8 *